資優學園 11

考試高手教戰書

總主編
陳 光

前言

中國近代著名的學者王國維在他的《人間詞話》一書中談到：古往今來，凡是能成就大事業、大學問的人，無不經過讀書的三種境界：「昨夜西風凋碧樹。獨上高樓，望盡天涯路。」「衣帶漸寬終不悔，爲伊消得人憔悴。」「眾裡尋他千百度，驀然回首，那人卻在燈火闌珊處。」這貼切的比喻，使讀書的三種境界形象化了。

「昨夜西風凋碧樹。獨上高樓，望盡天涯路。」——這是求學的第一種境界，也就是說，必須站得高，才能看得遠，才能選定自己的奮鬥目標。

「衣帶漸寬終不悔，爲伊消得人憔悴。」——這是求學的第二種境界，也就是說，一個人在認定自己的奮鬥目標之後，就必須刻苦讀書學習，爲實現自己的目標去奮鬥、去努力，即使衣帶寬了，人漸瘦了，也始終不後悔。

「眾裡尋他千百度，驀然回首，那人卻在燈火闌珊處。」——這是求學的第三種境界，也是最高的境界，意思是說，在千百次地尋求知識之後，回過頭來一看，忽然發現自己為之奮鬥的目標就在眼前，成功已經在向你招手和微笑了。

讀書的過程有三種境界，而身為中學生，學習的方法也同樣有三種境界，只有真正經歷了這三種境界，你才能成為真正的考試高手。那麼，中學生學習方法的三種境界都有哪些呢？

第一種境界：苦學。也就是說，處於這種學習境界的同學，只要一提起學習，就會自然的想到「頭懸樑、錐刺骨」，「刻苦、刻苦、再刻苦」，「堅持、堅持、再堅持」的學習方法。而這種學習方法給同學們帶來的感覺就是：學習是一種被迫的行為，是枯燥無味的，甚至對學習會產生一種恐懼感和厭學的情緒。也就是說，處於這種境界的同學，學習對他們來說是一種苦

差事。

第二種境界：好學。也就是孔子所說的「知之者不如好之者，好之者不如樂之者。」達到這種境界的同學，學習興趣對學習起到重大的推動作用，並樂於研究學習方法。他們對學習如飢似渴，常常達到廢寢忘食的地步。他們在學習的過程中，不需要父母、老師的逼迫和監督，主動的學習態度常常使他們獲得非常好的成績，而好的成績又使他們對學習產生更濃的興趣，形成學習中的良性循環。

第三種境界：會學。達到這種境界的同學清楚的知道，學習本身也是一門學問，有科學的方法，有需要遵循的規律。他們會不斷的探索更為科學、合理，並合適自己的學習方法，按照正確的方法去學習。因此，學習對他們來說非常的輕鬆，學習效率也非常的高，思維也變得靈活流暢，能夠很好地駕馭知識。真正成為知識的主人。

是的，學會學習，才是考試高手的最高境界。正如愛德格‧富爾在他的《學會生存》一書中寫到的那樣：「未來的文盲不再是不識字的人，而是沒有學會怎樣學習的人。」

「面向現代化，面向世界，面向未來」，是這個時代發展的客觀要求。信息量的激增，知識的迅速發展，是當今知識世界的顯著特色。看未來，看發展，方法比單純的知識更重要。這就要求我們不僅要掌握知識，更重要的是必須學會如何學習。科學的方法是點金術，是通向成功的橋樑。尤其是在知識更新日益加速的今天，掌握科學的學習方法，具備獨立獲取知識的能力顯得特別重要。只有既學到了知識，又掌握了科學的學習方法，才能適應社會的飛速發展，並能為社會做出創造性的貢獻。

而本書正是站在一般學生的立場上，試圖以考試高手的態度和眼光，對國、高中學生的學習方法進行全面的剖析。以幫助同學們儘快的達到學習的第三種境界，真正的成為考試高手。

目錄

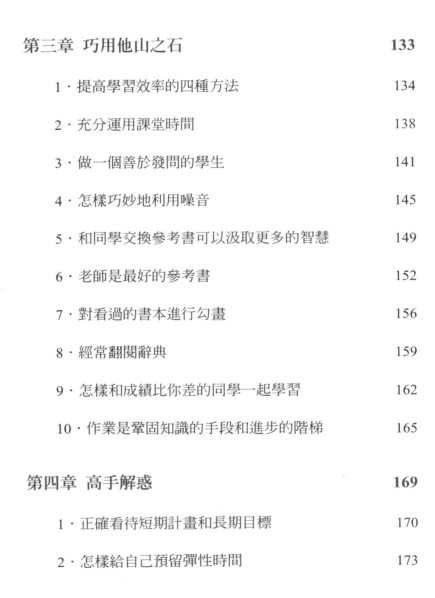

第一章 以一當十

時間的寶貴是我們都知道的，知道珍惜時間的
人也不在少數，但卻很少有人懂得如何去珍惜
時間。因此，我們更應該學會如何對時間進行管
理，尤其是分門別類利用時間，比如，如何在適
當的時候做適當的事，這是最大限度地利用時間
的一大法寶。

01 掌控好自己的時間

（1）不要讓時間悄悄流走

俗話說：「一寸光陰一寸金，寸金難買寸光陰。」的確，對於那些已經流逝的時間，是沒有任何東西可以換來的，因此，我們唯一可以做到的就是珍惜眼前的時間，善用時間，不要等到一切都無法挽回的時候再發出「少壯不努力，老大徒傷悲」的感嘆，這樣的遺憾代價就未免太大了。

在日常的學習當中，如果你經常感到「光陰似箭」，那麼，這應該是好事，至少你知道時間的寶貴，但你能否充分地利用時間，那就要看你對時間的掌控能力怎麼樣了。讓我們先來看看下面的例子吧！

小華吃完晚飯，看了一會兒電視，又和家人聊了一會兒天，覺得自己應該開始讀書了，於是他在書桌前坐下。但眼看著書架上密密麻麻的教科書及參考書，一時還真不知道該看哪一本才好，於是他隨手抽出一本翻了翻，好像沒什麼太重要和急於掌握的東西，再換了兩、三本，但總是定不下心來。突然他想起下週還要進行國文考試，還是先準備複習一下國文吧！這時他心裡有了一點考試壓力，終於決定先複習國文了，沒想到剛剛進入狀況，外面的電視又傳來周杰倫演唱會的尖叫聲音。唉，算了，明天再說吧……

　　從這個例子我們可以看出，小華是相當珍惜時間的，他知道吃完飯之後自己應該複習功課，但他最後還是讓本該用來複習功課的時間白白流走了。他或許不知道，自己剛才在電視機前坐下來「不知不覺」都看完了一集電視連續劇，又在「不知不覺」中聊了半個多小時的天，然後選擇看什麼書的時候又在「不知不

覺」中花了半個小時的時間，最後還是禁不起「演唱會」的誘惑，「毅然決然」的做出了放棄複習功課的決定，把複習功課推到了明天，可是誰知道，明天他又會找出什麼其他的理由把複習功課又推到「明天」呢？那可真是「明日復明日，明日何其多。我生待明日，萬事成蹉跎」了。

其實，小華所犯的錯誤就是做事缺乏具體的目標，他知道自己應該讀書，但到底要讀什麼書，怎麼去讀？卻拿不定主意，他也許整天很忙碌，但是臨睡前想想自己在忙些什麼？卻說不出什麼名堂。時間對他來說，總是「不知不覺」地溜走了。

如果你在學習上也有和小華一樣的問題，應該怎麼辦呢？針對這種情況，你可以把一天中使用時間的情況做個詳細紀錄，然後檢討哪些學習花費了多少時間，哪些時間是不是分配得合理等等。具體方法是把一天的時間分割成幾個階段，並製作出一張表格，在這張時間表上，根據相對的時段填進自己所要做的事情。

如下表所示：

6：00〜6：30	起床，梳洗（生活）
13：10〜13：50	午休（睡眠）
14：00〜14：30	複習國文（學習）
19：00〜19：30	看新聞節目（娛樂）
19：40〜20：20	預習物理（學習）

填好表格後，再尋找自己所「浪費的時間」的原因是什麼。

你自然就會發現自己所「浪費的時間」，不外有下列幾種：

①用功之前，態度不堅定或行動緩慢所浪費的時間。

②用功中途，注意力不集中所浪費的時間。

③好像在玩，又好像在做功課，兩者的界限混淆不清所耗去的時間。

這樣一來，當你找到自己所「浪費的時間」的原因後，便可以在學習的過程中做到有的放矢，針對自己在學習的過程中所存

在的問題癥結找出合適的解決方法，真正做到「對症下藥」，靈活掌控自己的時間。

名師點評：流逝的時間想要找回來是不可能的，那麼我們如何做到真正利用好眼前的時間呢？這就需要我們用一些技巧來規範和約束我們的日常生活和學習的時間，唯有如此，才能做到勞逸結合，提高時間的利用率。

學生收穫：要掌握自己的時間，必須先瞭解自己日常作息時間的應用情況，把那些浪費掉的時間想辦法找回來。比如，製作一張專門針對「浪費時間」的登記表，並根據這張表來尋找解決方法，這是很好的方法。多試幾次，自然就會「習慣成自然」了，你也就可以做到把每天浪費的時間縮減到最低了。

家長專欄：身為中學生，孩子的自制能力並不是很強，因此，還是需要父母在這方面給予幫助的。比如，在小華的例子中，如果小華的家人把電視的音量開小一點，不讓它打擾到小華

讀書，那麼小華自然就不會把複習功課推到「明天」了。

（2）學會時間分類管理

時間的寶貴是我們都知道的，知道珍惜時間的人也不在少數，但卻很少有人懂得如何去珍惜時間。因此，我們更應該學會如何對時間進行管理，尤其是分門別類利用時間，比如，如何在適當的時候做適當的事，這是最大限度地利用時間的一大法寶。

如果我們將每天要做的事和要學習的內容進行分門別類，把自己有限的時間按事情的輕重緩急合理分配，那麼效果肯定會大不一樣的。具體的做法是：

①每天抽出十多分鐘的時間，清楚地列出自己當天應完成的學習任務、課餘活動等。

②準確地對列出的學習任務和課餘活動進行分類，可分為「A（最重要的）」、「B（普通重要的）」、「C（不重要

的）」三類。當然，身為學生，我們應該把有關功課學習的事情列入「最重要的」一類。也就是說，你應該在當天的學習任務完成之後再去做其他事情。

③將各項任務按照分類填入如下所示的「時間分類管理表」裡。

附：時間分類管理表

年　　月　　日　星期

類別	事項	預計花費時間	實際花費時間
A（最重要的）			
B（普通重要的）			
C（不重要的）			

④按照時間分類管理表裡的分類依次實施各項任務。首先是全力以赴地投入A類的學習任務，直至全部按質按量地完成後，再轉入B類的事項。B類事項完成後，如果有時間，就繼續進行C

類，如果沒有時間，就留待以後再做。

⑤剛開始時，最好每星期都對上個星期的「時間分類管理」進行總結，看看自己的任務分配是否與自己的實際情況相符，如果有不合適的地方，就應該在下一個星期的「時間分類管理」中進行調整。

盡量高效率地將表中所列事項都做完，即使不能一一做完，至少把你認為最重要的事情做完。這樣，就有效地防止了把時間浪費在一些毫無意義的事情上。這裡，我們所追求的不是所做事情的數量，而是是否已經把時間利用到最佳程度。

名師點評：有限的時間和無限的事情本身就是一種矛盾，因為我們不可能在有限的時間內去做完那些無限的事情。但「時間分類管理」的方法卻可以讓我們輕鬆的去完成我們認為最重要的事情，這就是「時間分類管理」法的妙用。

學生收穫：「時間分類管理」法既能使我們對自己每天要

做的重要事情和所需的時間有清楚的認識，還可以讓我們對事情的輕重緩急有所區分，盡量完成那些最重要的事情，避免讓那些無關緊要的事情佔用了重要事情的寶貴時間。

家長專欄：「時間分類管理」法的制訂應因人而異，因此家長可以幫助孩子制訂時間表，或者在表上增添一些項目。家長還應該監督孩子對時間表的執行情況，並根據孩子的學習變化修改時間表。

（3）善用自己的生理時鐘

每個人的身體內部都有一個生理時鐘，它調節著我們的一切活動，因此在我們的生活中起著重要和微妙的作用。如果你能按照生理時鐘的特點安排我們的學習和生活，那麼你在學習上就可以獲得更高的效率。

根據生理時鐘的規律，通常在早上9點到10點，我們的注意

力和記憶力達到高峰，適合用功學習。下午1點到2點，幾乎所有人都會感到困倦，應適當午休。下午3點，外向性格者在這時分析力和創造力均達到高峰。內向性格者的分析創造能力則在下降。晚上10點以後，體溫下降，心率降低，身體各功能處於低潮，這時進入睡眠比較容易，不宜熬夜學習。

此外，還有研究證明，白天學習一個小時，等於晚上學習一個半小時。而夜間熬夜的最後兩小時，遠不如第二天白天的二十分鐘效果好。因此，一定要充分利用好白天的時間。

當然，這是一種正常的規律，但並非所有的人都是這樣的，比如，有的人天生就是聞雞起舞，有的人日上三竿也爬不起來。人體內的生理時鐘從小就在不知不覺中被設定了的，比如，天生的「公雞型」一大早起來就精神抖擻；而天生的「夜貓子型」早上起來則顯得無精打采，但到了夜晚便神采奕奕。

因此，我們在制訂學習計畫時，應該確實瞭解自己的生理需要，不一定強迫自己符合這些規律。比如，有的父母硬性規定自己的子女晚上十點鐘就寢，早上六點鐘必須起床，偏偏他的孩子在吃過晚飯以後就昏昏欲睡，到了該睡覺的時候，卻是精神抖擻，結果輾轉反側，不能成眠，這豈不是跟自己過意不去？為什麼不能吃過飯以後小睡一會兒，養精蓄銳之後，再全力衝刺呢？

那麼，如何利用自己的生理時鐘來制訂學習計畫呢？你可以在生理時鐘最佳期，安排一些自己的弱勢科目，在生理時鐘低潮期，學習自己比較優勢的科目。比如，你的英文基礎很差，而你又屬於「公雞型」的學生，那麼就應利用早起的時間，下苦功學習英文。如果數學較不理想，又是屬於「夜貓子型」的同學，那麼就該利用晚上的時間去學習數學。

　　當然，人的天性多少都有一些好逸惡勞的毛病，越是自己的弱勢科目就越不想學，所以很多同學往往在複習的時候，都從自己喜歡的科目開始，等到學累了，再開始學習其他自己不喜歡的科目。試想想，你本身就已經很疲倦了，又開始學習自己本來就不擅長的科目，你能學得進去嗎？這個時候你還想著如何下工夫去突破一個個難題嗎？即便真有那樣的想法，也只能是心有餘而力不足吧！

　　因此，我們必須學會善用自己的生理時鐘，在自己最佳的精

神狀態下，對那些自己的弱勢科目進行攻關，這樣才能讓自己對那門科目的學習感興趣，只要產生了興趣，學習起來不可能不用心，而成績也不可能提高不上來。不是嗎？

名師點評：同學們在制訂學習計畫時，一定要參考自己的生理時鐘，因為每個人的生理時鐘都是不同的，不要強求與其他人一致。而你自己的生理時鐘、你的需要也只有你自己最清楚，順其自然，將使你受益無窮。

學生收穫：如果能把你的「生理時鐘」調到白天自然最好（因為所有的考試都是在白天進行），但如果實在很難的話，就應該學習善用自己的「生理時鐘」，最大限度的發揮它的好處，讓它為你的學習加分。

家長專欄：家長不應該對孩子的日常作息有過多的干涉，而應該盡量為孩子創造一個寬鬆的學習環境、溫馨的家庭氣氛，否則孩子在家的時候，可能覺得比在學校還緊張，長此下去，將

會給孩子帶來一種無形的壓力，嚴重者會導致罹患精神憂鬱症。

（4）如何擠時間

魯迅有一句名言：「時間就像海綿裡的水，只要願擠，總還是有的。」而我們在學習的過程中，聽到老師說得比較多的一句成語應該是「事半功倍」吧！其意思就是要使用最少的時間創造最高的學習效率。要在有限的時間內，學盡可能多的知識，辦盡可能多的事情，就要學會「擠」時間。那麼，我們如何才能做到真正的「事半功倍」呢？這就是一個技巧的應用問題，下面的這些方法希望能夠對你有所幫助。

①以時換時法。當計畫內用於學習的時間不夠用時，可以從用於休息和娛樂活動中擠出一些時間來。當然，這種方法最好在不得已而為之的情況下使用，而且不能過度頻繁的使用，因為當你把休息和娛樂的時間都佔據之後，學習自然就會變成繁重的負

擔，久而久之，自然就會對學習產生厭惡感了。也違背了我們所提倡的「事半功倍」的初衷。因此，這種擠時間的方法不到萬不得已的時候最好不要使用。

②**以人替時法**。在我們的生活和學習過程中，總會碰到一些雜事，但為了節省時間，避免寶貴的時間白白浪費掉，這時可以不必自己親自動手解決，而是請人代勞，這樣就可以擁有充裕的時間了。

③**以物省時法**。在我們的學習過程中，一些現代的高科技工具也可以給我們帶來很大的方便，如能靈活運用，即可以為我們節省不少的時間。比如，電子辭典、影印機、電腦等等，都可以起到為我們節省時間的目的。

④**取消法**。對於那些可做可不做的事情，或者那些純屬浪費時間以及一些即便不做也不會對你有什麼影響的事情，都可以統統取消。比如：閒聊、玩電動、過於廣泛的交友等等。因為我們

要知道，有所不爲，才能有所爲。

　　⑤合併法。對於那些能夠合併起來一起做的事情，盡量合併起來做，這樣，既可以節省時間，又能提高效率。因此，我們在做一些事情時，首先應該考慮一下如何做才能達到省時高效的目的，久而久之，自然就能訓練自己處理和解決問題的綜合能力。一舉數得，何樂而不爲？

　　當然，我們在擠時間的過程中，要注意克服兩個極容易犯的毛病——猶豫和拖延。很多同學做事猶猶豫豫，常常面對眾多難題而不知該如何下手才好，許多寶貴的時間就在這種猶豫之中悄悄地溜走了；而拖延更是很多人的通病，特別是一些玩心比較重的同學，常常面對作業和學習任務時，不是想著又快又好地完成這些學習的事，而是尋找各種藉口，將功課的事一拖再拖。他總是想著，還有很多時間呢！先玩一會兒，或者先看一會兒連續劇……

對於中學階段來說，要學的課程比較多，應該說學習的壓力是比較大的，但如果你能夠改掉那些不好的習慣，對學習時間的運用精打細算，從不多的時間裡盡可能地擠出一些時間來，只有這樣，我們才能走在時間的前頭，真正做一個時間的主人，而不至於成為時間的奴隸。

名師點評：時間在每個人的手裡都是二十四小時，但時間在每個人的手裡又都不是二十四小時，只有那些能夠高效運用時間的人，時間才格外關照他。因此，我們要學會做時間的主人，而不要被時間拖著走。

學生收穫：要尋找可以節省和利用的時間並不難，真正難的是你有沒有養成珍惜時間的習慣，懂得珍惜時間的人自然就會主動地尋找各種擠時間的方法。當然，擠時間也是需要方法和技巧的，否則往往也會適得其反。

家長專欄：家長的時間觀念也在潛移默化的影響著孩子，

因此，身為家長，對自身應該有一個嚴格的要求。比如，不管做任何事情，都應該做到「言必行，行必果」。只要父母在日常工作和生活中養成一個良好的時間觀念，自然就會給孩子帶來很好的啟發。

（5）如何高效地利用時間

時間是非常公平的，對任何人都一視同仁，每人每天二十四小時，不會多，也不會少。可是，花費時間後的效果卻有很大的差別。有的同學整天埋頭苦讀，但卻沒有學好功課；有的同學不僅功課學得好，習題也做得多，玩得也痛快。其實，這其中有一個關鍵的問題，就是對時間管理的問題。有的同學把自己的時間進行了很好的管理，所以時間在他手裡就實現了增值，同樣的時間，他就能做更多的事情。而很多的同學卻不知道對自己的時間進行有效的管理和應用，因此，雖然他們花在學習上的時間很

多，但卻仍然無法將功課學好。

有鑑於此，下面我們就推薦給大家兩個讓時間增值的方法：

①「一心二用」法

人們常說：「一心不可二用。」其實也不盡然。現代科學已經告訴我們，人的不同行為是由大腦的不同區域進行支配的，因此，有時一心二用不但是可行的，而且也是一種高效的學習方法。也就是說，我們有時可以在同一時間裡做兩件事情，而且把兩件事情都能做好。

當然，值得注意的是，同時做兩件事情是必須有一個前提條件的，那就是這兩件事情必須是一件事為體力勞動，一件事為腦力勞動，而且都不是很重要的。例如，早晨運動時可以聽聽收音機，下課時和同學聊天時可以削削鉛筆，放學回家的路上可以回想一下當天所學的功課等等。此外，在幫助爸爸媽媽做家事的時候、和同學玩遊戲的時候、外出遊玩的時候、排隊等車的時候、

飯後散步的時候⋯⋯這些時間都是可以充分利用的學習機會。

「一心二用」的方法需要一定的有意識的訓練才能運用自如。但是，這種方法也不能濫用。當我們從事一項比較重要、需要集中精力的活動時，就不要讓自己一心二用了。比如當我們在上課、做作業時，必須做到專心致志，否則這「一心二用」就會變成「三心二意」了，如此一來，你的功課是無法學好的。因此，即便是一心二用，也應該選擇合適的時間和合適的學習內容。

②統籌安排法

有一個例子：有幾件事情讓你在一小時之內做完：用二十分鐘的時間燒開水，十分鐘的時間洗衣服，再用十分鐘的時間進行拖地，然後再用半個小時的時間看書。你能做到嗎？有些數學成績不錯的同學也許會說，這怎麼可能呢？燒開水、洗衣服、拖地，要完成這三項工作需要花四十分鐘的時間，一個小時用掉

四十分鐘，還剩二十分鐘，怎麼能再看半個小時書呢？其實，這就涉及到一個重要的時間利用方法——統籌安排法。比如，在燒開水的二十分鐘裡，你可以同時洗衣服、拖地，等水燒開了，所有的工作也都完成了。瞧，這二十分鐘裡你是不是一共做了三件事？現在還剩下四十分鐘，用來看書應該是綽綽有餘了。

名師點評：怎麼利用時間是一項大學問，很多成年人在這方面做得也並不出色。因此同學們不要希望一蹴可幾，短時間內就能變成一個能夠高效利用時間的人。這需要一定的經驗累積，也需要靈活的頭腦，並做到善於轉換角度思考問題。

學生收穫：同學們可以跟一些優秀的同學進行交流切磋，相互探討高效使用時間的方法，也可以從老師那裡汲取一些經驗。另外，還可以找一些比如名人傳記、介紹學習方法之類的書籍來看，看看那些優秀的人們是怎樣把繁重的工作和學習安排得如此妥當的。

家長專欄：家長可以跟孩子討論如何高效率的利用時間進

行學習，也可以把自己的經驗講給孩子聽，還可以與孩子比賽做

幾件事情，看最後誰用的時間最少。如此一來，孩子自然就會逐

漸養成凡事追求效率的習慣了。

（6）怎樣利用零碎時間

　　所謂零碎時間是指不構成連續時段，在兩件事之間的空餘時

間。雖然這些時間看起來比較短，而且也確實是微不足道的，但

如果能夠有效地利用這些零碎的時間，對於我們取得的學習效果

卻是相當驚人的。

　　在歷史上，一些巧用零碎時間的先賢們可謂是不勝枚舉。

比如，為後世留下諸多錦繡文章的宋朝文學家歐陽修曾經說過：

「余平生所做文章，多在三上：馬上、枕上、廁上。」而魯迅則

「把別人用來喝咖啡的時間都用在了寫作上」。由此我們可以知

道，連那些大師們都不放過零碎時間，我們又有什麼理由將這些時間白白的浪費掉呢？

一般情況下，很多同學對時間的利用往往只注重整段的時間，而忽略了零碎時間的利用。殊不知，科學地利用零碎時間，既不會使大腦疲勞，又不影響別的工作和學習，能大大提高複習效果。至於怎樣抓住零碎時間用於學習，很容易！比如下課時間背英文單字，上學路上回憶學過的古詩文，在等車時，可用於思考，用於簡短地計畫下一個行動等等。其關鍵在於不讓點點滴滴寶貴的時間白白流走，都把它們利用在學習之中。

「滴水成河」、「水滴石穿」、「集腋成裘」、「聚沙成塔」等等，這些都是我們比較熟悉的成語，而這些成語說的其實都是同樣的道理，那就是積少成多，只要善於累積，最終都會取得驚人的效果。另外，還有一個比喻：就是用「分」來計算時間的人，比用「時」來計算時間的人，時間要多出59倍。

有很多同學可能不把一些零碎的時間放在心上。他們可能會說，「不就是五分鐘、十分鐘嘛，能做什麼事？」或者說：「這麼少的時間，還來不及進入狀態，時間就已經沒了。」是的，每一次的空閒時間可能都很短，但如果把它們加起來，你無意中累積起來的這些時間是相當驚人的。比如，當你在教室裡排隊盛飯菜的時候，可能只要五到十分鐘的時間，這點時間在很多同學看來，可能還不夠聽別人講幾個笑話呢！但如果我們轉念一想，在這短短的五到十分鐘裡面，如果你用來背一些英文單字，或者記歷史年代，或者是背誦古詩詞，日積月累，那就是一筆不少的收穫。當然，並不是說要一刻不停地學習，必要的休息是非常重要的。你也可以制訂一個零碎時間利用計畫，張弛有度地規劃時間，切不可分分秒秒都在學習，這樣效率不會很高。把休息與學習有序地排列在一起，才能真正把握好零碎時間。

因此，我們要記住的是：千萬不要浪費掉那些寶貴的時間，

即便是一些微不足道的零碎時間，它也可以讓你產生巨大的能量。

　　名師點評：把零碎時間用來從事零碎的工作，短期內也許沒有什麼明顯的感覺，但長年累月堅持下去，將會有驚人的成效。

　　學生收穫：學會把零碎時間真正用到實處，也需要一段時間的學習和實踐，剛開始可能做得並不好，但沒有關係，只要抓住重點，總會找到適合自己的一套方法。另外一定要堅持下去，不能半途而廢，否則就很難取得任何效果。

　　家長專欄：對一個中學生來說，能夠把一天所要做的事情都能考慮得非常周全，而且時間也應用得非常合理，是比較困難的。因此，身為家長，應該適時地給孩子提供一些意見，同時要鼓勵孩子多多實踐，如果孩子時間安排得不合理，也要慢慢引導，不可挫傷孩子的積極性。

02 怎樣進行預習

　　課前預習是應該的，而且也是必須的。因為如果你沒有提前預習，那麼你在課堂上聽老師講課的時候，就會使自己處於被動的局面，你只能被動地接受，而且你並不知道什麼是重點，什麼是難點，等一堂課上下來之後，你才發現自己的大腦仍然是一片空白。而如果你在課前已經預習過，那麼你在聽老師講課的時候目標就比較明確了，因為在預習的過程中，你已經發現了一些問題，當你帶著這些問題去聽課的時候，自然是積極的、主動地聽老師講課，這樣就可以和老師形成一種互動關係，自然能夠學得比較輕鬆，也能夠學有所得。

　　當然，課前的預習不需要花費你很多的時間，但你應該做到有的放矢，能夠在預習的時候發現問題，這在你接下來的課堂上

將起到事半功倍的作用。因此，在預習的過程中，我們應該做到如下幾點：

①預習目的要明確。預習的目的是為了在課堂上聽講做好準備。因此，我們要做到瞭解課程的內容及重點與難點、新舊知識的關聯以及新知識在這一學科中的地位與意義。

②預習要有重點。預習時不應平均使用精力和時間。應根據預習內容，優先保持重點學科、重點內容的預習。

③預習的方法要靈活。根據個人不同的特點和需要，分別採用不同的方法。靈活、科學地運用預習方法，這樣對於預習的效果和自學能力的提高是大有裨益的。

另外，預習還可以分期進行。比如你可以根據學科內容和學習進度，分別安排學期預習、階段預習和課前預習。

根據學習計畫可以利用很多時間來安排預習。但不能因為過多的把時間用於預習，而佔用了其他的學習時間。當時間比較充

裕時，預習的內容可以多一點，鑽研得也可以深一點；當預習的時間比較少時，則可以少預習一點，鑽研得淺一點。在預習的過程中，自然會碰到各式各樣的問題，應該說留點問題在課堂上聽老師講是正常的，這樣做已經達到我們預習的目的了，而不要幻想把在預習中所碰見的問題都解決掉，因為這是不可能的，而且也沒有那個必要。畢竟，你還要留出一點時間預習或者複習別的功課。

對於自己比較擅長的學科，可以不預習或少預習。如果預習了，那麼就應當對自己提出更高的要求，要在聽講時和老師的思路進行比較，進而把學習提升到一個更高的水準。

另外，我們還應該弄懂一個問題，那就是預習並不等於提前學習，預習的直接目的是為了要高效率地聽課而做好準備，因此不必耗費大量精力、時間徹底搞清楚一切問題。很多同學往往犯了這樣的錯誤，在養成預習習慣的開始時，往往試圖把一切問

題都弄明白才善罷甘休，結果往往是因為不堪重負，最後選擇了放棄預習；也有一些同學由於預習的時候，以為把一切問題都弄清楚了，便在課堂上顯得洋洋得意，最終導致對課堂聽講鬆懈怠慢，直到過了一段時間之後才發現，自己在預習時對問題的理解和老師講解的結果根本不是一回事，這時候再後悔已經有些晚了。應該說，這是非常可惜和遺憾的。因此，我們應該明白，學習的主陣地是在課堂上聽講，千萬不可因為課前已經預習過而對課堂上的聽講掉以輕心。

名師點評：首先一定要搞清楚預習的目的，否則可能事倍功半，吃力不討好。每個人的學習程度不同，因此預習的目的也不會一樣。但有一個目的卻是一樣的，那就是在預習的過程中能夠找出問題，並帶著這些問題去聽課。

學生收穫：預習只是為了上課時更好聽講而做的準備工作，如果你這一學科的基礎不是太好的話，那麼應該把時間更多

地用在對這門學科的複習和鞏固提高上，而不要佔用太多的時間在預習上。

家長專欄：預習需要靈活對待，也需要靈活運用時間，家長在這方面也是可以對孩子進行指導和提出一些意見的。比如對於孩子的優勢科目，可以讓孩子在做家事時，順便看一下課堂上即將要講的內容即可，同時對一些需要背誦的東西，也可以提前背誦。

03 如何找出重點

　　課堂上的認真聽講是十分重要的，因為這是我們系統掌握新知識和學習經驗的最好辦法。老師都在強調同學們上課時要認真聽講，而很多同學也知道認真聽課的重要性，知道在課堂上全神貫注的好處，但卻很少有同學能夠明白這「認真」之後的技巧，那就是要對課堂上的重點、要點進行有所選擇的聽。畢竟，在一堂課的四十五分鐘中，讓思想自始至終都保持高度集中是不可能的，而且這樣做的結果還會導致大腦長期處於緊張狀態而變得疲勞，反而影響聽課效果。那麼，課堂上的聽講應該抓住哪些重點呢？下面的這些技巧是你應該掌握的。

（1） 每節課的開始和結束

　　每節課開始時，老師總要拿出幾分鐘的時間，將上節課講的主要內容提綱挈領地強調一下。有時是老師自己講，有時是以提問的形式測試同學們，然後根據同學們的回答情況進行分析，並提出應該注意的問題。這就在無形中使我們對已經學習和掌握過的知識進行了進一步鞏固，達到複習的效果。這時，會聽課的同學就會格外注意聽，就算在上節課中一時出神沒有聽好，也可以在這個時候補回來。而每當課堂即將結束的這段時間裡，老師通常會抽出幾分鐘的時間對這節課所講的內容和重點進行回顧與總結，並對一些必須掌握的知識點再次強調一下，這時也是我們必須認真聽的時候。因為，這個時候老師是在憑著他的經驗把本節課的重點畫龍點睛地總結出來，這正是本節課的結晶所在。因

此，無論如何你也不要放過這個最重要的時段。

（2）老師講課中的提示

在講課過程中，對於重點和難點，老師往往有語言上的提示，比如「這一點很重要」、「這兩個概念容易混淆」、「這是個常見的錯誤」、「以上內容說明」等等，這類詞句往往暗示著講課中的重點。注意這些詞句，有利於我們迅速抓住學習中的重點和難點，提

高學習效率。

（3）老師的重點歸納和反覆強調的地方

老師反覆強調的地方往往是重要的或難以理解的內容。而重點歸納的東西不僅重要，而且具有提綱挈領的作用。因此，我們要注意在聽清講解、看清重點的基礎上進行思考、記憶，並做好筆記，以便於日後進行複習。

總之，如我們做到真正抓住老師講課的重點，我們就可以掌握課堂上的主動，可以使學習起到事半功倍的效果。

名師點評：老師講課都是經過細心考慮和實踐檢驗的，即使有時看起來很簡單的一堂課，也凝聚了老師的很多心血和智慧的結晶。而且，同學們所取得的成績也是從這些課堂上累積起來的。

學生收穫：其實，同學在聽老師在課堂上的講解也是有技

巧可循的，善於聽講的同學通常都會知道老師強調的重點在哪裡。所以，同學們在聽課時，不要只是一味地跟隨老師所講的每一個字進行思考，而要學會辨別哪些是重點，哪些是必須掌握，哪些只是常識性的東西。只有這樣，你才能真正抓住老師的講課思路，領略到課堂上的精華所在。

家長專欄：家長可以教導孩子怎樣領會老師意圖的辦法，讓孩子能夠輕鬆地掌握老師的授課重點。另外，孩子有時候可能一時適應不了老師的講課方法和授課方式，這時孩子心裡可能是迷茫的，也可能是煩躁的，身為家長，一定要多給孩子一些鼓勵，讓孩子學會適應老師的授課方式。

04 有選擇性地聽課

在課堂上聽講也有一個技巧的問題。比如，有時老師為了照顧後進學生，講得比較淺，重複的遍數也比較多，這樣對成績比較優秀的同學來說，就大可不必再聽；而有時候，老師會把一些難度比較高的習題講給一些比較優秀的資優生，或一些供他們參加學科競賽時用的知識，這樣對大部分的同學來說，同時也不必聽。

每個學生的情況都不一樣，有時相差很大，老師講課時，通常以中等學生的理解能力為主，同時也顧及一般生和資優生。這樣一來，基礎比較好的學生有時會產生「不足」的感覺。這樣，聽課時就大可不必「專心致志」。如果什麼都想聽、都想記，結果往往會被弄得手忙腳亂，也分不清哪些是重點，哪些是常識性

的東西，聽課的效果當然就好不到哪裡去。

　　那麼，我們怎樣做到對老師的授課內容有選擇地聽呢？一般來講，應遵循這些原則：我們應該把一些規律性的知識點、老師多年的教學經驗、傳授的學習方法、解題思路、自己認為是難點的地方等做為聽課的核心內容。而對於那些常規的，純屬老師「老生常談」的部分，則無需「一板一眼」地聽。這時，可以看一些與課堂有關的書籍，擴大知識面，增長見識，或者做一些比較有代表性的習題。當然，這需要對自己的實力有正確估計，切不可眼高手低，顧此失彼。

　　另外，我們平時聽課時，難免遇到不能立刻理解的內容，遇到自己不能馬上解答的問題，而且這些問題又不帶普遍性，不宜立即提問，因為這樣的話往往會影響全班同學的學習進度。那麼，應該怎麼辦呢？如果我們放棄了老師正在進行中的授課內容，硬鑽牛角尖，糾纏於某一難題，那將會漏掉老師講授的其他

內容，就算把這個難題在課堂上弄懂和解決了，也是得不償失的。最好的辦法是先把這一問題暫時放下來，繼續跟著老師的思路往下聽。當然，對於這個你認為的疑難問題也要即時地記下來，在適當的時候再進行思考，或下課後請教老師。這種方法適用於邏輯性不強、或前後內容關聯不大的課程。必須注意的是對暫時放下的問題要立即記在筆記本上，課後即時設法解決，而不能一拖再拖。

名師點評：老師的講課深度通常是針對一般中等水準的學生的，因此同學們要根據自己的實際情況有選擇地聽課。如果在聽課的時候，時間不是特別緊湊，也可以做一些適合自己水準的本科目的習題。

學生收穫：有選擇的聽課必須具備一個前提，那就是你對老師所講解的內容有一個比較清晰的瞭解，而且能夠瞭解自己的強勢和弱勢。如果你還做不到，那就老老實實的認真聽講吧！不

要把課堂上寶貴的時間白白的浪費掉。

家長專欄：很多孩子有這樣的習慣，在課堂上一邊聽講一邊做作業，還美其名說是為了「提高效率」，應該說，這是很多孩子在學習上的錯誤。畢竟，人的精力是有限的，如果又想聽課，又想做作業，難免兩頭都做不好。因此，家長應該多提醒孩子，作業還是在課後或在家裡完成比較好。

05 複習高招

複習是我們提高學習效率和鞏固學習成果的最好辦法，很多的知識就是在我們不斷的複習過程中逐漸掌握，並做到「熟能生巧」的。因此，在我們的學習過程中，千萬不要忽略複習這個環節。那麼，在複習中我們應該注意哪些問題呢？

（1）如何提高複習效率

我們在學習的過程中都希望能夠提高學習效率，但是只有我們的複習效率提高了，學習效率才能夠真正的提高。那麼，我們應該怎樣做才能夠提高學習效率呢？

①合理安排。通常有集中複習、分散複習、穿插複習三種形式。集中複習可用整塊時間，一次將課程複習深透，當然集中複

習還可以將性質不同的課程（如史地、數理）交替安排，穿插複習，使大腦各神經區得到輪流休息，大腦的工作效率就會提高；以記憶為主的學習內容，如英文單字、古詩詞背誦等，要依靠多次重複複習以強化記憶，因此應分散複習；穿插複習指的是不要在同一個時段內只複習一門科目，而是把幾門科目綜合穿插，這樣可以降低大腦的疲勞程度。

②**方式多樣化**。複習應該是多種多樣的，只有綜合起來應用，才能夠取得良好的複習效果。比如，除了背誦、抄寫之外，還可運用自我提問、舉例說明、比較分析、資料對照、繪製圖表、編寫提綱、做練習題等多種方式。

③**遵循心理學規律**。心理學家經過研究發現，前攝抑制（先學習的內容對後續的學習內容產生干擾）和倒攝抑制（後學習的內容對先前的學習產生干擾）對人們的記憶與遺忘有著重要的影響。過於集中的複習既有前攝抑制又有倒攝抑制，而且容易使精

神過度緊張，學習效率自然就會下降。這是由於集中複習比較單調，刺激物千篇一律地多次作用於大腦，容易引起大腦皮層的疲勞。而分散複習可以使大腦神經細胞得到休息，進而保持旺盛的精力。

④**分散複習**。假定要重複練習某個作業二十次，若在一天內持續二十次的反覆練習，可能每次均要花費三十分鐘。而且重複的練習會造成學習上的壓力，引起情緒波動，降低學習效果。若每天練習兩次，分成十天完成，每次所花的時間只有二十分鐘，效果一定會更好。另外，一天中的時間安排也是如此，比如早晨集中1個小時的時間複習生詞，其效果肯定是比不上分散複習來得明顯的，比如你可以把這個時段分為：早晨複習30分鐘、中午複習10分鐘、晚上再複習20分鐘，這樣的效果當然就比較好。

分散複習的時間安排由自己根據具體情況而定，但一定要記住兩條原則：第一，複習時重複的次數越多，間隔的時間應越

長；第二，每次複習的時間逐次縮短。

名師點評：想要提高成績，複習效率最重要。複習效率的提高並不是很難的事情，只要勤於摸索，總能發現適合自己的方法。

學生收穫：複習的關鍵是效率，如果複習的效率很低，那麼學習成效就很難提高上去。而複習效率的提高，關鍵就是要結合自己的實際情況，制訂出適合自己的複習計畫。只要能堅持執行下去，就能取得良好的效果。

家長專欄：複習是一件辛苦又容易產生厭倦感的事情，因為課程已經學過，沒有新鮮感了，這時需要做的就是牢記並學會應用。因此，家長一定要提醒孩子，在複習的時候一定要靜下心來，只有這樣才能夠做到真正的提高複習效率。

（2）複習過程中應注意的問題

在我們的複習過程中，總會碰到各式各樣必須注意的一些細節問題，而且，只有把這些細節的問題處理好，我們才能夠真正做到提高複習效率。

①圍繞中心，即時複習。首先要根據教材的知識體系確定好中心內容，把主要精力集中在教材的中心、重點和難點上，然後再集中精力進行攻關。其次，要即時鞏固，防止遺忘。複習最好在遺忘之前進行，倘若等到遺忘之後再複習，那麼想提高複習效率就很難了。

②查漏補缺，保障掌握知識的完整。在我們平時的學習中，難免會出現理解、記憶或者掌握知識的缺漏，透過複習我們可以即時發現這些漏洞，並即時進行彌補，以加強薄弱環節，確保掌握知識的系統性和完整性。

③先回憶，後看書，增強複習效率。每次複習時，先不急著看書，而是把老師講課的內容回想一遍，並把概念、公式、推導

方法等先默寫一遍，然後再打開課本和筆記本進行對照，看哪些對了，哪些錯了，或者哪些忘了，再想一想為什麼會錯，錯在哪裡；為什麼會忘，是怎麼忘掉的。最後再針對這些存在的問題進行強化複習，必然會對這些知識留下深刻的印象，而且可以達到歷久不忘的效果。

名師點評：量少次多的複習方法，對於那些需要大量背誦和記憶的科目很有成效。只要複習的次數多了，大腦中的印象就會比較深刻，而且也不容易忘記。

學生收穫：在安排複習間隔時，要根據自己大腦的記憶情況，適當地做出一些調整。有些內容複習效果不是很好的，可以縮短間隔期，爭取多複習幾次，而效果非常好的，就可以延長複習間隔，或減少複習次數。

家長專欄：不管採取什麼複習方法，關鍵是看效果如何。也許這個複習方法對別人非常有用，但對你的孩子卻不太適合，

這時家長就不要強迫自己的孩子非得使用那種複習方法。而是要即時地轉換思維，鼓勵並幫助孩子尋找其他適合他的複習方法。

（3）如何做到低耗的複習方法

在複習時，有的學科屬於「長線」，有的學科屬於「短線」。因此，我們在複習功課的時候，對不同的學科應有不同的複習策略。

面對不同的科目，有的學生喜歡「頭痛醫頭，腳痛醫腳」的複習方法，結果到頭來往往弄得「頭也痛，腳也痛」，幾門功課的成績都很糟。有些同學急於求成，總想儘快把自己的學業成績提高上去，於是複習時就變成像「彈琴時五個手指一齊往下按」一樣，結果當然成不了曲調。如此一來，幾門學科的成績只能不斷的維持在一個比較低的水準。而那些學習經驗比較豐富的學生則能統籌安排幾門學科的複習時間。做到「長線」科目和「短

線」科目，強項和弱項分開來複習，如此自然就能夠總結出一套高效低耗的複習方法。

目前，學測、基測在很大程度上帶有很強的「功利性」，也就是在考場上盡量多得分。以國中基測為例：現行的考試，每科總分都是60分（作文除外），都是重點，這就要求我們要注意複習的戰略性，要學會揚長補短。揚長，就是要盡量發揮自己所擅長科目的優勢；補短，就是要彌補自己的劣勢科目的不足。這就首先要對自己做一個充分的瞭解，想一想自己哪些科目有優勢，哪些科目屬於劣勢，這樣，在時間的投入上，就可以大體有一個把握。劣勢科目在平時多下工夫，確保在考試時不致落後太多；對優勢科目投入的時間則可以相對少一些，而複習的難度、深度可以適當加大一些，以確保在考試時能夠達到超常發揮的目的。

另外，在統籌安排幾門學科的複習時還要處理好「長線」與「短線」的關係。比如，對於文科來說，英文、國文這些科目都

屬於長線科目，這一類課程的學習都很難在短期內見效，需要有一個較長時間的複習、鞏固過程，才能有所提高。而歷史、地理這一類學科記憶量較大，且容易遺忘，屬於短線科目，可以等到臨近考試時集中精力攻關。

在總複習階段，可以把知識點分為三類：A類是已經熟練掌握了的；B類是初步掌握但仍未熟練，比較容易出錯誤的；C類是還沒有掌握的。複習的時候以B類為主，適當涉及C類，至於A類，因為已經比較熟練就可以不用再費心了。這樣既能收到較好的效果，又可節省時間。

名師點評：複習最重要的一點是看效果怎樣。如果花了很多時間，但成效不大，那麼就要想辦法改變複習的方法和策略。

學生收穫：很多同學在複習時習慣先複習自己比較喜歡和有把握的科目，應該說這是複習時犯的一個錯誤。其實，我們都知道這種複習方法的效果是比較差的，畢竟那些自己比較有把握

的科目，該掌握的知識已經掌握得差不多了，就算投入再多的時間也不會有太多的成效。因此，還是把主要精力放在自己的弱項比較好。

家長專欄：孩子複習方法的好壞關係到複習的效果，也直接關係到考場上的成敗。因此，家長在這方面一定要當好孩子的「參謀長」，一旦發現孩子的複習方法「徒勞無功」時，就要幫助孩子即時調整複習策略。

06 如何做課後小結

　　課後小結是總結和檢驗這一堂課下來自己所學到知識的一種很好的辦法。課後小結主要有以下幾種好處：

　　第一，課後小結可以起到對課堂學習進行整堂回顧的作用。因爲每一章節的知識是分散的、孤立的，想要形成知識體系，課後必須有小結，才能對所學的知識進行概括，抓住應掌握的重點和關鍵。

　　第二，課後小結有助於我們總結課堂學習中的「得」與「失」。這堂課我們獲得了哪些知識，得到了什麼教訓，又在哪些方面沒有跟上老師的講課步伐，都可以在課後用一分鐘的時間做一個簡要的總結。

　　第三，課後即時進行小結，關鍵是簡捷，不要佔用下課休息

時間。我們可以迅速地對課堂上老師講的重點做一個標記，對自己尚未領會或還有疑問的地方畫個問號，放學後再去解決。我們要盡量爭取用一分鐘的時間把整節課的內容稍做歸納，這樣可以在大腦裡形成一個大致的綱要，大腦就不容易忘記。

另外，做課後小結時還應該同時想到以下這些問題：

①這一節課老師是怎樣提出問題、分析問題和解決問題的？

②這一節課自己學習了哪些新知識和掌握了哪些重點和難點問題？

③從這一節課中又學到了哪些學習方法？

④在這一節課中還有哪些知識沒有學好，需要課外進一步鑽研？

以上的四點是我們在課後總結的時候必須要考慮到的問題，而且只要把這些養成習慣，那麼，我們對所學到的新知識就能夠得到很好的掌握，日後複習起來也會方便得多。

因此，同學們千萬不要小看這課後的幾分鐘小結，它的用處可大著呢！若能長期堅持下去，不僅能訓練出你的邏輯歸納能力，還能為自己掌握的各種零散知識建立一個系統的知識體系。

名師點評：雖然在每節課快要結束時，老師都會按照慣例做一次課堂小結，但那比較是針對全班同學來講的。因此，有些內容並不適合你，只有你自己進行總結了，才是自己的東西，才說明你已經吸收了這些知識。

學生收穫：課後小結是應該而且必須養成習慣的。因為做課後小結既可以訓練自己的邏輯思維能力，又可做到在沒有遺忘之前迅速找出學習重點，這樣就可以節省很多課後的複習時間。

家長專欄：很多孩子往往下課之後就把課堂上的事情拋到九霄雲外去了，因此，身為家長，應該不斷的提醒孩子做好課後小結。當然，提醒的方法也應該講究技巧的，最好是點到為止，並讓孩子逐漸養成這種習慣。

07 學會交替用腦

交替用腦是我們在學習過程中必須使用的，也是我們能夠堅持長時間學習而且保持高效率的方法。我們知道，人的大腦皮層的腦細胞是有分工的，如果長時間地連續做一件事，只讓同一部分腦細胞持續工作，這樣就會容易引起大腦疲勞，降低效率。因此，在我們的學習過程中，要注意合理分配時間，注意學科之間的相互轉換。

居禮夫人曾說：「我同時讀幾種書，因為鑽研一種東西會使我的寶貴頭腦疲倦，它已經太辛苦了，若是在讀書的時候，覺得完全不能由書中汲取有用的東西，我就做代數和三角習題，這是稍有分心就做不出來的，這樣它們就又把我引回正路上去了。」由於可見，在我們學習的過程中，「交替」地進行學習是多麼的重要，可以說，這是我們提高學習效率的法寶。

我們知道，只要我們集中精力學習，那麼大腦所主管的視、聽、讀、寫以及有關記憶、分析等功能區都處於高度興奮狀態，然而大腦任何部位的興奮度也是有一定的限度的，只要超過了這個限度，這個興奮區域就會逐漸的減弱，這時大腦由剛開始的興奮轉向抑制，隨之就會出現困倦、頭痛等情況，這個時候如果我們還堅持學習，而且還是學習同一門功課的話，那麼除了加速大腦的疲勞程度之外，似乎不會有什麼收穫了。因此，在我們的學習過程中，一定要學會善待大腦。

具體來講，複習功課時，幾門課程必須交替學習，比如，連續學習一門課程達到45~60分鐘時，應該主動休息10分鐘左右，使部分腦細胞得到休息。以調節神經機能，提高大腦的反應，然後再複習另一門功課。這樣一來，大腦不但不會感到疲勞，而且還會大大的提高學習效率，做到事半功倍的效果。

名師點評：合理使用大腦是我們在學習的過程中必須要學

習的，因此，我們首先要弄清楚大腦的工作原理，不斷的交替學習，自然能夠使大腦保持較長時間的興奮度。

學生收穫：在日常的學習過程中，大腦偶爾會對學習產生一種厭倦感是十分正常的。這是大腦在向我們發出警告，提醒我們該休息了，或者該轉換學習其他的功課了。這時，相信聰明的你應該知道自己該怎麼做了。

家長專欄：家長除了提醒孩子在學習的過程中要注意休息之外，更要提醒孩子在做功課的時候要交替進行，這是避免大腦疲勞的方法，也是提高學習效率的重要方法。

08 巧用「80/20」法則

平時不管我們做什麼事，父母、長輩以及老師通常都會教我們：「一分耕耘，一分收穫。」而我們也一直確信並遵循這個原則的，並在實際的行動中也會一廂情願的這樣認為。然而，現在卻有一個法則打破了這個規律，這就是「80/20」法則，這個法則告訴我們：八十分的收穫乃來自於二十分的耕耘。也就是說，如果我們可以做到精確地投入這二十分的耕耘，不僅可以擁有八十分的收穫，而且可以為我們省下六十分的耕耘。

當然，「80/20」法則雖然在學習及考試的過程中給我們帶來很大的好處，但在使用的過程中，還是應該謹慎的。尤其是在準備複習考試的過程中，一旦猜錯了百分之二十的出題內容，反而會失去百分之八十的分數。

那麼，如何避免這種情況的發生呢？最好的方法就是不要亂猜，而是要做出科學系統的有效分析。比如，在準備國中基測、大學指考時，在盡可能的情況下，彙集前幾屆的試題，一方面分析題型，一方面標註命題內容，並在課本相關內容旁畫上特別的記號。當哪一個地方的特別記號越多時，我們就可以知道那將是關鍵的百分之二十的重點內容了。

　　如果試題不易收集時，參考書中的題目，以及課本中的習題也都是參考的依據。當某一部分內容的重要題目或習題特別多時，也可以推斷出那部分的內容是十分重要的，命題者從此出題的機率也會相對的大增。

　　在參考諸多資料的前提下，當你可以確定可能出題的百分之二十的內容後，就要在最佳的精神狀況下，抽出比較多的時間，全力以赴去攻克這百分之二十的內容。當確定這百分之二十的內容已全盤吸收後，再花少部分時間去學習其他百分之八十的內

容。

這就是「80/20」法則的妙用，當然，這是高手過招，要求使用者必須具備良好的學習方法。

名師點評：「80/20」法則是一個事半功倍的學習方法，遵循這個法則會使我們在考場上能夠輕鬆的獲勝。當然，它的缺點是需要我們能夠靈活的運用，否則往往會弄巧成拙。

學生收穫：「80/20」法則的運用需要我們在學習的過程中，主動分析試卷的命題方向和出題思路。而且，平時還要注意分析課程的側重點以及自己的作業和筆記。

家長專欄：有很多孩子往往把「80/20」法則當成是猜題，這是一種誤解。因為「80/20」法則是在對經驗的靈活把握的基礎上，經過系統的分析後推斷出來的考試出題範圍，而不僅僅是猜題這麼簡單。

第二章 出奇制勝

專家指出，充足的睡眠對於學習最少會帶來兩方面的益處：充足的睡眠可以更好地鞏固記憶，防止學習結束後帶來的記憶干擾和記憶衰退；同時，還能更好地恢復記憶。

「退步」原來是向前

　　唐朝著名的布袋和尚曾經寫過一首經典的詩歌——《插秧歌》，詩云：「手把青秧插滿田，低頭便見水中天。心地清淨方爲道，退步原來是向前。」

　　這首詩的大概意思是：農夫插秧的時候，一株接著一株往下插；低下頭來就看到倒映在水田裡的天空；當我們身心不再被外界的物慾感染的時候，才能與道相契；農夫插秧，是邊插邊後退的，正因爲他能夠退後，所以才能把秧苗全部插好，所以他插秧時的「退步」，正是工作的向前進展。由此可知，從近處可以看到遠處，退步也可以當作進步。在我們的學習上也是如此，只要我們常常能夠虛懷若谷的低下頭來，就能眞正的認識自己，以及自己在學習上所處的階段。

很多同學，包括我們的父母和老師往往這樣認為，在學習上一直向前走，才是進步和風光的。的確，一個學生如果保持著進步，在所有的同學中維持領先的位置，確實能夠得到很多的讚賞和羨慕的目光。但我們卻往往忽略了，適當的退步，有時候是為了更好的衝刺。

讓我們來看看下面的這個故事吧：

從前，有一個龍虎寺，弟子們為了紀念關於龍虎寺由來的神話，在寺廟照壁上畫了一幅龍爭虎鬥圖，龍騰雲海，俯瞰欲下；虎踞山頂，威風凜凜，單看那虎和龍，人們不由得驚嘆弟子們的高超畫藝，可是，整幅圖畫組合起來一看，卻又不怎麼生動了。也就是說，整幅畫形似而神離。

弟子們去請教師父，師父看後語重心長地說：「飛龍在天，下擊之前身軀必然向後曲縮；猛虎踞地，上撲之時虎頭一定要盡量壓低。龍曲得越彎，向前飛騰得越快；虎伏得愈低，往上跳躍

得越高。」

弟子們恍然大悟：「我們把龍身畫得太直，龍頭也太靠前了；猛虎的頭仰得太高了，應該四肢後蹲，猶如箭在弦上。」

大師點頭笑言：「是這樣的，為人處事，參禪悟道，也是一樣。經過後退幾步的準備，才能跳得更高遠；歷經謙卑的反省，才能彈射得更高。所以，你們要切記，向下是升高，退步是向前。」

從這個故事裡，我們可以悟出一個道理：有時候，低頭與退步，並非消極，也並非懦弱，那是一種態度，明朗且健康；那是一種姿勢，看似彎曲，實則蘊藏著一股力量；那是一種心法，可以鍛造勇氣，錘鍊品行；那是一道通透、閃現著智慧的光芒。

名師點評：退步有時候是為了更好的向前，自我降級有時候是為了更好的升級。但需要注意的是，這種退步僅僅是表面的一種現象，而在你的內心裡，應該是一直向前的。

學生收穫：如果我們還沒有做到讓各門功課都優秀，這時可以採取「退步」的方法，退回去把地基打牢，使自己積蓄起騰飛的力量。

　　家長專欄：有一些家長往往一看到自己的孩子成績稍微有點退步，便驚惶失措，亂了方寸。其實，這是沒有必要的，這個時候家長最應該做的就是分析孩子學業成績退步的原因在哪裡，是真的退步還是一種衝刺之前的後退，然後再採取相對的措施。

怎樣進行自我跳級

我們這裡所說的自我跳級其實就是超前學習。那麼，這種超前學習應該怎麼「跳」才能跳得穩呢？

相信大家都有這樣的感覺，當你上了國中之後，再回過頭去看小學的題目時，就會覺得非常的簡單；當你上了高中之後，再回過頭去看國中的題目時，也會感到非常的容易。

或許你對高中的數學很頭痛，但是如果讓你去做國中的數學題時，說不定你就敢自稱自己為數學天才；或許你對高中的英文感到很吃力，但如果讓你回過頭去看國中的英文時，可能就像看故事書一樣輕而易舉。

另外，在同一階段的學習當中，有一些進步也是非常明顯的，看得見的。比如，當你學過乘法之後，就會覺得加法很容易；當你學過三角函數之後，便會覺得乘法很簡單。

其實，不管你是小學生、國中生，或者是高中生，同樣的題目肯定會讓你覺得難易程度不同，其實，題目還是不變，只是你的知識面不一樣了，所以使得你對這個題目的看法也隨之改變了。因此，自我跳級（超前學習）的目標其實就是盡量拓展我們的知識面，使那些難題在我們的眼中儘快的變得容易起來。

　　一些學業成績比較優秀的同學往往是這樣跳級的，他們會在上學期的時候就開始學習下學期的課程，或者在讀高一的時候就開始學習高二的課程。這種跳級式的學習讓他們的知識面儘快的拓展，學習能力也隨之加強。

　　或許，你會這樣認為：連眼前的這點課程都學不好了，哪來的餘力去進行超前的學習呢？當然，這是一個比較現實的問題，我們一貫主張的學習方法都是由淺入深，由易到難的，哪有連眼前的問題都沒有解決就開始去學習高難度的內容呢？沒有這樣的道理。是嗎？是的，這是不容迴避的問題，我們必須承認。但

是，轉念一想，方法還是有的，比如，每次的寒暑假就是我們進行自我跳級的最好時機，如果你能夠利用假期的時間把下學期的課程學了一半左右，那麼等到開學的時候，你學習起來就非常的輕鬆了，而且你還可以趁機繼續超前學習，從此不斷循環的跳級下去，自然就會越跳越遠，越跳越高。

名師點評：很多同學都認為，自我跳級是考試高手們玩的遊戲，自己是望塵莫及的。實際上，每個同學都可以玩這種「遊戲」，而且你也有機會成為高手，甚至是高手中的高手。

學生收穫：我們在學習過程中的自我跳級也是需要實力的，如果沒有相當的實力，則往往是跳得越高，摔得也越重。因此，最起碼的基礎還是要掌握好的，只要有了基礎，那麼你就放心的跳吧！

家長專欄：家長既要鼓勵孩子進行跳級，但又不能過於著急，也不能抱著急切的功利之心去要求孩子。要知道這是一種比

較高難度的做法，絕對不是能一蹴可幾的，也不能指望孩子能夠

一步登天。而是要讓孩子遵循一定的學習規律，掌握好基礎後再

跳。否則，往往會弄巧成拙。

03 一般的科目更要努力

　　一般的科目指的是那些既不是你的強項，也不是你的弱項的科目。那麼，為什麼需要對這些科目投入更多的努力呢？原因很簡單，因為這些科目成績的提高還有很大的空間。比如，對於數學這一科目，你平時的成績只在六、七十分之間徘徊，說明你已經掌握了數學這一科目的基礎知識，這時只需要再進一步練習一些解題的技巧，相信數學成績很快就會得到大幅度的提高。

　　而那些強項和弱項的科目，想要使成績一下子就有很大的提高是很難做到的。比如你的國文成績每次考試都在九十分左右，想要再提高五分是很難的；對於那些弱項科目，由於你還沒有掌握這一科目的基礎知識和學習方法，想要在短期內把這一科目的成績提高上去則更是難上加難，想要提高這一科目的成績只有一個辦法，那就是需要你花一些時間去打好基礎，掌握這一科目的

基本知識，如此，這一科目才會變成你的中等科目。把你的弱項科目變成中等科目之後，再把成績往上提高自然就比較容易了。

因此，同學們在制訂學習計畫時，要注意調整一下自己的學習順序：

首先，以中等程度的科目做為學習的首要重點。因為這些科目的學習效益最高，花同樣的時間，最容易看到成績的進步。

其次，以弱項的科目做為次要重點。即便是再差的科目也是不應該放棄的，其實，這些科目的難度也只是相對而言，只要你踏踏實實地打好基礎，掌握好這門課的基本知識，你往往就會驚喜地發現，原來認為特別難的科目，其實只是自己在嚇唬自己而已。

最後，以優勢科目做為最後重點。這些科目對你來說自然算不了什麼，因為你對這些科目的知識系統已經掌握得比較熟練，基本上很少碰到難倒你的問題，但也並不代表就可以高枕無憂

了。畢竟很多知識放下的時間一長，自然就會遺忘，因此，即便是你最拿手的科目，也不要忘了進行定期的複習，以免大意失荊州。

名師點評：在努力提高中等科目成績的同時，同學們千萬不要忘了顧及弱項的科目以及保持好強項科目的優勢。唯有如此，才能在考場上爭取獲得更多的分數，勝算的把握也會相對的大一些。

學生收穫：升學考試考的是綜合知識，因此，即便你對自己的強項科目格外感興趣，在複習期間也要故意的「冷淡」它。畢竟，大考當前，應以全局為重。

家長專欄：不管是平常的學習，還是考試之前的複習階段。家長都應該鼓勵孩子把中等科目的學習（複習）做為重中之重，因為這對孩子來說太重要了，很多孩子之所以成為考場上的黑馬，往往是在最後的複習階段，把中等科目變成了優勢科目。

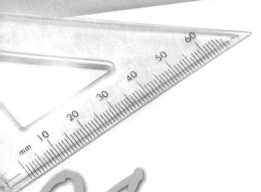

04 記憶的保鮮盒──睡眠

　　相信很多同學都有這種經驗：為了趕功課或者為了迎接考試，每天晚上讀到很晚才睡覺，尤其是臨近考試時，更是連續「開夜車」，但等到第二天卻又發現自己頭昏腦脹，身心俱疲，回想起昨晚學習的內容時，似乎學了一大堆，結果卻好像什麼也沒學到。

　　事實上，當同學們這樣做的時候，已經無意中違背了學習的規律。是的，我們提倡刻苦、勤奮地學習，但並不意味著要讓大家犧牲自己的休息時間。試想一下，當我們在極度疲憊的情況下依然為了記住某個知識點而連續奮戰，可能有些知識在當時是記住了，但由於這個時候，我們的大腦是在往外排斥東西的，你強硬的加進去，雖然大腦勉強收下了，可是它又會在不知不覺中把

這些知識「還」給了書本。

從醫學科學角度講，大量的實驗研究與臨床研究顯示，如果將睡眠剝奪，尤其是將深度睡眠剝奪後，人就會出現注意力不集中、記憶力下降等情況。專家指出，充足的睡眠對於學習最少會帶來兩方面的益處：充足的睡眠可以更好地鞏固記憶，防止學習結束後帶來的記憶干擾和記憶衰退；同時，還能更好地恢復記憶。

所以，睡眠對於記憶，就好像是生鮮蔬菜的保鮮盒，睡覺（熟睡）可以長期保持記憶的新鮮度。因為在我們睡眠時，大腦阻斷了外界的刺激，能有休息的機會，暫停吸收新的資訊，並針對舊有資訊，加以重新排列整理，將學到的內容予以適當的歸檔，維持記憶的最佳狀態。

名師點評：目前已有大量的實驗研究與臨床研究資料顯示，如果我們將睡眠剝奪，尤其是將深度睡眠剝奪後，就會出現

注意力不集中、記憶力下降等症狀。因此，保持充足的睡眠對於正在學習階段的中學生來說是絕對不可缺少的。

學生收穫：我們在日常的學習中，尤其是學習越緊張的時候，往往越是忽略了睡眠的重要性，這恰恰是我們學習過程中犯的一大錯誤。因為，以犧牲睡眠來學習的代價是非常「慘重」的，結果可能是既浪費了寶貴的休息時間，而大腦卻還是一片空白。

家長專欄：正如俗話中所說：「磨刀不誤砍柴工。」犧牲了休息時間去死記硬背，倒不如先睡飽後再學習的效果好。因此，想要讓孩子學業成績更好一些，家長們一定要把孩子的睡眠時間安排好。

05 巧用最初和最後記憶的妙處

　　讓我們先來看一個實驗：實驗者首先編出15個毫無關聯的單字，並排出順序，然後再讓受試者按此順序進行記憶，並把能夠記下來的單字打上「✓」，沒能記住的單字打上「✗」。實驗的結果顯示：這些受試者差不多都在第六至第十個單字之間打上「✗」。而從第一個至第四個單字和第十二個至第十五個單字之間則幾乎全部都打上「✓」。這個實驗結果告訴我們一個道理，那就是說，最初與最後的部分都比較容易記住，而中間部分的一些知識卻很難記得牢。

　　在平常的日常生活中，如果你稍微細心觀察一下，也會發現這樣的現象：比如，一支隊伍中最惹人注目的是排頭或排尾的人；一齣戲裡最能吸引觀眾目光的也是開頭和結尾的部分。

　　由此，我們同樣也可以得出這樣的結論，那就是人的大腦對

於最初和最後記憶的資料印象最為深刻。

那麼，這是什麼原因導致的呢？心理學家告訴我們：通常，人們按先後順序將一大堆事項記憶在大腦中時，後面所記的事項受前面所記事項的影響，進而導致記憶遭到壓抑，這叫做「前攝抑制」，而前面所記的事項受後面所記的事項影響而記憶遭壓抑時，則稱為「倒攝抑制」。因此，放在中間記憶的事項通常很不容易記牢，這是因為同時受到前後雙向抑制影響的必然結果。比如，在英文26個字母中，前三個A、B、C和後三個X、Y、Z往往是我們最先記住的字母，道理即在於此。

因此，每次我們要學習（複習）時，為了避免「前攝抑制」和「倒攝抑制」的干擾對記憶造成的負面影響，我們應該把最重要的知識點放在最初或最後的時間裡進行記憶。

名師點評：最初和最後記憶的深刻效果告訴我們一個道理，那就是當我們把最難記住的東西放到最初或最後進行記憶

時，一直困擾著我們的難題往往就會迎刃而解。同時，在我們的學習過程中還可以做到有的放矢，針對自己的記憶特點選擇合適的學習方式。

學生收穫：在日常的學習過程中，同學們可以為自己製造很多次最初的記憶印象，比如每次學習半個小時左右，先休息一會兒，然後再重新投入。對於那些需要背誦的課文，最好先一段一段地背，最後再連貫起來，這樣就可以輕而易舉的把整篇課文背誦出來了。

家長專欄：家長可以在適當的時機，為孩子製造一些開頭和結尾，比如在孩子學習的時候，為孩子送一杯熱茶或者一些水果，然後再向孩子說兩句鼓勵的話，讓孩子的精神重新振奮起來。當然，家長要掌握好尺度，不要弄巧成拙，給孩子造成困擾。

06 以變換學習方法保持思維活躍

　　相信很多同學都有過這樣的經歷：當我們長時間使用同一種學習方法時，往往會過於單調，而且一旦這種方法的新鮮感一過，對學習就會產生一種厭倦感，長此下去，當初那種積極向上的學習衝勁便會漸漸的被這種單調、乏味的消極情緒所取代了。

　　因此，為了保持大腦思維的活躍，以及對學習保持一定的新鮮度。我們不妨適當地改變複習方法，比如，變換複習的順序，嘗試把所學的東西應用到日常生活中、模擬考場等等。這種變換學習方法的方式可以給我們帶來持續的新鮮感，而且也比較容易發現自己在學習中的優點和不足之處，便於提高學習效率。

　　很多同學可能會認為學習英文比較難，那麼，到底難在哪裡呢？難就難在它是外國人使用的語言，而並非我們的母語，和我

們一開始就學習的中文也有很大的區別。因此，學習這一門功課時，自然就要下一番工夫，當然，下工夫也要講究技巧，否則可能會造成茫然不知所措，或者根本無從下手的情況。這個時候，不斷的變化學習方法，就會使我們取得良好的學習效果。比如，你可能習慣於默讀，也可能習慣於大聲朗讀，或者你覺得抄寫是最容易見效的方法。但你有沒有想過，把這些學習方法不斷地進行變換呢？另外，在我們背誦英文單字時，可以把我們學過的單字進行分類，並製成表格，每天背誦一類，雖然都是在背誦，但由於這種背誦方法是根據各式各樣的「同類關係」進行分組排列的，因此一旦記住了這個單字，往往就會想起其他一連串的單字。這種相互變換的學習方法，當然能夠迅速的提高學習效率。

名師點評：不斷的變換學習方法可以使大腦對任何知識保持一種新鮮感。因此，不管是什麼樣的學習方法，同學們都不妨嘗試一下，以不斷刺激和開發我們的大腦。

學生收穫：雖然很多的學習方法可能不適合你，而最後我們也只能選擇最為適合自己的學習方法。但在尋找適合自己方法的過程中，我們都會對各種方法進行嘗試，即便找到適合自己的方法後，也不要停止繼續探索的腳步，因為探索本身就是最好的學習方法。

家長專欄：身為中學生，很多孩子的思想波動還是相當大的，而對於一些學習方法，可能是老師説怎麼做就怎麼做，只知道把老師的理論照本宣科，而很少會去靈活運用和嘗試其他的方法。所以家長要多加引導，鼓勵孩子不斷的嘗試各式各樣的學習方法，並不斷的進行創新。

如何消除倦怠感

　　學習，其實是一件既單調又活潑、既痛苦又快樂、既枯燥又有趣、既使人感到倦怠又使人感到興奮的事情。而善於學習的同學，通常都會知道怎樣去降低學習中消極的一面，而盡量提高學習過程中積極樂觀的一面。

　　但不管如何，我們在學習的過程中，一些倦怠感總會偶爾的蹦出來干擾我們的情緒，一些意志薄弱的同學往往就會被這種干擾弄得疲憊不堪，最後只能被動的接受學習，於是學習對他來說便成為一種單調、痛苦和枯燥的事情。那麼，我們應該如何減少這種學習的倦怠感，進而把學習變成一種既活潑、快樂又充滿趣味的事情呢？

（1）積極參加體育運動

經常參加體育運動，不但會給你帶來一個健康的體魄，同時還會使你的大腦得到積極的休息。而運動過後那種精神抖擻的樂觀情緒，會使我們在學習過程中所產生的倦怠感在不知不覺中被沖散掉，當你再次坐到書桌前時，那種對知識的渴望又會激起你對學習的興趣了。

（2）主動和別人聊天

　　聊天也是消除倦怠感比較好的方法，當然，聊天的對象是一定要選好的，因為人的情緒往往是相互影響的，比如你的心情本來就不好，再找一個心情比你更差的人聊天，那麼結果可想而知了。因此，最好找那些成績比較好或者比較樂觀的同學聊天，相信他們那種積極和樂觀的精神會給你帶來一種愉悅的感受。而這種愉悅當然會把你的這種倦怠感給排擠掉，使你更有信心投入學習中。

（3）不斷的更新學習環境

當然，教室裡的學習環境你是無法更新的，我們這裡所說的更新學習環境指的是你自己的房間或者書房。比如在自己的房間或者書房內經常移動書桌的位置，改變書桌的朝向，這種方法可以使你疲倦的心情變得活潑起來，而且往往會產生眼前一亮的感覺。這時你肯定會為自己精妙的設計方法而感到自豪，自然就能激起對學習的興趣。

另外，可以多買幾種顏色清爽的窗簾，每過一段時間就換一種，這樣會使書房看起來更有新鮮感。還可以在房間裡擺放幾盆盆栽，等學習累的時候可以給盆栽澆澆水，轉換一下心情，這樣也會使心情保持舒暢的狀態。

名師點評：在學習過程的倦怠感是每個人都會有的，包括老師在教學的時候，也會產生一些倦怠感。但如果我們始終以積極的心態去面對學習，那麼，這種倦怠感自然會被我們樂觀的思

想給排擠掉。

學生收穫：當我們在學習過程中，倦怠感不期然的來干擾我們的時候，這時可以換一種心情，比如進行體育運動、和同學聊天、走進大自然去等等。這些都是消除倦怠感最好的方法。

家長專欄：身為中學生，孩子的情緒波動往往比較大，因此家長要多注意觀察孩子的情緒，主動和孩子聊天。如果發現孩子對學習產生厭倦感，應積極的分析原因，並即時和孩子進行溝通，幫助孩子把失去的信心找回來。

08 培養對學習的興趣

　　興趣，永遠是我們最好的老師；興趣，使我們無論做什麼事都能夠全心的投入；興趣，能夠使我們苦在其中，樂在其中，苦中作樂。

　　如何培養對學習的興趣呢？我們認為最為重要的是激發你的好奇心。學業上的長進往往是循著「好奇→有疑→思考→釋疑→有得→產生興趣」的軌跡發展。學習興趣就是在不斷的探究之中變得越來越深刻的。因此，平時要留心觀察一切事物，多給自己提一些「為什麼」，並且經常與同學、老師一起討論研究學習中的問題，感受知識的魅力。牛頓發現萬有引力，瓦特發明蒸汽機，都是來自於日常生活中常見的現象加上問號，然後去鑽研，並從中悟出道理來的。

　　我們還應該像古代西方很多研究宗教的學者一樣，他們把研

究柏拉圖所說的答案當成自己的興趣。他們或許並沒有意識到自己是在學習，只是對自己所感興趣的答案進行了不懈的研究。於是，他們透過宇宙研究了「天文學」，透過明確的答案理解世界的「數學」，透過聲音表達思想和感情的「音樂」，透過數理研究空間的「幾何學」等。這些宗教學者們本來是為了找尋神的真理，但最後卻創造了今天我們在課堂上所學習的教材。

那麼，對於自己不喜歡的科目，我們應該怎樣做才能激發出對它的興趣呢？方法是每次做功課時，先學習自己最喜歡的科目，這樣有助於迅速進入學習狀態，然後再趁著這個好的精神狀態轉換學習自己平常不感興趣的科目，久而久之，你也會對這一門科目感興趣了。當然，使用這個方法必須掌握一個技巧，那就是在你的狀態還比較好的時候進行轉換，而不是等到你學習累了再轉換，如果那樣的話，效果可能會適得其反。

名師點評：興趣是最好的老師，雖然有的同學興趣與愛好

比較廣泛，卻偏偏對學習不感興趣，這可怎麼辦呢？辦法當然還是有的，那就是培養自己把對其他的興趣轉移到對學習的興趣上來。當然了，這是一件循序漸進的事情，只要你不放棄自己，你就能做得更好。

學生收穫：興趣是需要培養，而且也是可以轉移的。因此，在我們的學習過程中，可以慢慢的培養自己的弱勢科目，並把自己對優勢科目的興趣逐漸轉移到弱勢科目上來。

家長專欄：很多孩子在學習的過程中，往往會犯這樣的錯誤，那就是對自己喜歡的科目拼命的學習，對自己不感興趣的科目則拼命的逃避，結果造成偏科越來越嚴重。身為家長，在這方面應該不斷的引導孩子，幫助孩子培養對弱勢科目的興趣。

09 挑戰高手會使你迅速成為高手

挑戰高手可不可以？當然可以。那麼會有難度嗎？當然會有，而且難度還會相當的大。那麼怎麼辦呢？放棄，那你就永遠沒有機會戰勝他們；堅持，你就永遠會有機會。

如果你選擇放棄，我們當然無話可說，但如果你選擇堅持，那就首先訓練好進攻的招術。下面我們就來看看，挑戰高手的招術都有哪些：

第一步，選擇挑戰對手。選擇的挑戰對手不要太強，因為挑戰實力太強的對手是極不實際的，而且還容易使你失去信心，因此最好的挑戰對手應該是比自己的成績稍微好一點的同學。也就是說，只要經過努力，你就有能力超越他，這樣的對手，對你來說，既是挑戰又是提升自己的機會。

第二步，知己知彼。兵法有云：「知己知彼，百戰不殆。」在確定挑戰目標後，就要認真分析對手與自己的長處和短處，主要是分析自己和對手的差距，找出差距之後，再制訂

出相對的挑戰計畫。計畫的內容應該包括如何保持和發揮自己的長處，以及彌補自己的短處，同時還應該找出如何縮小和對手差距的辦法。

第三步，全力以赴。計畫制訂出來之後，就要全力以赴的執行，這個時候不要再去想結果會如何，也不要去想自己有沒有能

力超越對手，只要按照計畫做好自己的功課就可以了。一切疑問

等考試過後自然會見分曉。

第四步，淡化勝敗。你挑戰的那些同學，或許會成功，或許

會失敗，這都是極為正常的，正所謂「勝敗乃兵家常事」，更何

況這勝敗並非是最後的結局呢！因此，不管結果如何，都沒有必

要太放在心上。勝之，要善於找出自己的不足之處；輸之，要看

到自己進步的地方。

最後，當然不要忘了要挑戰自己，透過這次挑戰別人，你是

否發現現在的你和以前的你有什麼差別？或許這次挑戰你輸了，

但你卻看到自己比以前進步了；或許你這次挑戰贏了，但你卻發

現自己還有很多的對手，而最強大的對手便是你自己，你還要繼

續努力。而在你不斷的努力過程中，你就會不知不覺的發現，自

己已經成為高手了。

名師點評：人只有在充滿競爭的環境中，才會不斷的努

力，才會不斷的尋找自己的目標。而挑戰比你強的對手，其實只是你學習過程中用以激發自己鬥志的形式和手段而已。只有自己才是你真正的對手。

學生收穫：挑戰，這是個很刺激的字眼，同時也需要我們有勇氣去面對，只要你有勇氣去面對並開始向別人挑戰時，不管結果如何，你都會是贏家。

家長專欄：有的孩子往往看到自己的成績一直退步，便會失去了奮鬥的動力，這是極為正常的現象。那麼，家長應該怎樣激勵他們呢？可以激勵孩子去挑戰別人，最後再挑戰自己。這樣，相信孩子對於學習的態度一定會有很大的改觀。

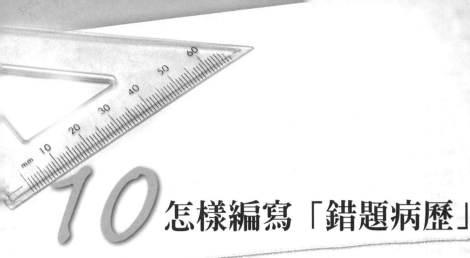

10 怎樣編寫「錯題病歷」

　　「錯題病歷」指的是專門用來紀錄我們在平常的作業和考試的過程中，做錯的題目的自編本子。主要方法是把錯誤的原因和正確的答案都放到這本本子裡，形成一個比較，並在以後的學習中經常翻閱。這樣，就可以時刻提醒自己汲取以前的教訓，在以後的學習中避免或減少此類錯誤的發生。

　　那麼，這種「病歷」應該怎樣編呢？首先準備一個專用的本子，不論是平時作業，還是考試卷，老師閱後發回來，都要把其中的錯題挑出來，在這個本子上進行「登記備案」。第一步是把錯題原原本本的抄下來，把錯誤的地方用紅筆畫出來；然後，在錯題下面，按正確的做法再做一遍；最後分析錯誤的原因，並用紅筆把錯誤的類型醒目地標出——是屬於概念理解的錯誤，還是

沒有弄清楚題意？是在分析、推理上出現了錯誤，還是計算上的錯誤等等。對每一道錯題登記時都要經過這三道程序。當錯題累積到較多的時候，就應該把自己錯誤的原因進行歸類整理，進而歸納出自己在作業和考試中應注意的一些問題，如：做計算題應注意的事項──題目有沒有抄錯；計算順序對不對，算式有沒有遺漏；公式法則有沒有混淆；小數點處理是否正確；是不是近似值，要不要用≈等等。

此外，還要認真複檢自己的錯題，這樣在考試時，就能汲取平時的教訓，讓「病歷」本充分發揮出警示的作用。

或許你會發現，剛開始對這些錯題進行登記的時候，會有很多的錯題需要進行登記。這個時候，千萬不要放棄，而是要堅

持下去，因爲在你對這些錯題進行登記的同時，你已經在給自己進行一種比較積極的暗示，那就是爲了減少這種錯誤的發生率，你會在以後的作業和考試中更加的謹慎和小心。過不了多久，你就會發現，要進行登記的錯題已經越來越少了。而且在考試的時候，基本上已經不會再犯同類型的錯誤了。

總之，只要同學們善於抓住這些錯誤、「放大」這些錯誤，在錯誤中反覆鑽研，把漏洞補好，就能把它轉化成一種更實際、更紮實的再學習。

名師點評：爲什麼編「病歷」本會有這麼好的效果呢？主要是由於那些需要理解和掌握的重點、要點、難點，儘管老師講課時一再強調，但同學們在自己沒有被它們「困」住之前，往往是深入不了的。而編「錯題病歷」的作用即在於讓同學們對自己所做錯的題目有一個清楚的認識，並徹底瞭解題目的來龍去脈。

學生收穫：編寫「錯題病歷」最重要的一點是常看、常整

理，這樣才能讓自己辛苦編製的「病歷」本發揮出真正的作用，

讓這本「錯題病歷」不斷的鞭策自己。

家長專欄：孩子在學習的過程中犯些錯誤是難免的，這個

時候家長千萬不要一味的指責孩子，關鍵是要引導孩子正確的對

待錯誤。而鼓勵孩子編「錯題病歷」即是最好的辦法，這樣可以

幫助孩子對自己做錯的題目進行仔細的分析，認清題意。並不斷

的汲取教訓，把錯誤率降到最低。

11 「不用橡皮擦法」會使錯誤率更低

　　日本教育專家系川英夫曾經做過一項試驗：他將300名學生分成兩組，一組允許使用橡皮擦塗改作業中的錯誤，另一組只許在錯誤處用紅筆打上「×」。結果人們驚奇地發現，允許使用橡皮擦的那組學生，在相同的作業情況下，其錯誤出現的機率比後一組要高出30%之多。

　　系川英夫認為，在學習過程中，同學們通常都會很容易被醒目的視覺所刺激，而用紅筆給錯誤的答案打上「×」號，即在自己錯誤的地方打上一個烙印，這個烙印能夠幫助我們記住自己所犯的錯誤，並即時的汲取教訓。如果我們能夠做到在錯誤旁邊寫上正確的答案和解題過程，即可進行正誤的鮮明對比，則又能進一步幫助同學們用正確的知識和思維改掉錯誤，並對此留下深刻

的印象。因此，這種「不用橡皮擦法」的學習方式對於強化我們的記憶和理解能力是十分有益的。

而使用橡皮擦，因為我們往往會產生這樣的心理，即使是答錯題了，還可以擦掉再次重做，因此往往會在解題的時候欠缺謹慎。另外，橡皮擦雖然把錯誤的答案擦掉了，但一起被擦掉的還有我們要從錯誤中汲取的教訓，以及我們進一步瞭解題目來龍去脈的機會。這就是錯誤率發生得比較多的原因。

當然，我們介紹這種學習方法的目的，是為了更好地幫助同學們進一步瞭解錯誤產生的原因，以及如何避免錯誤的方法。而並非絕對不能使用橡皮擦，畢竟橡皮擦的存在，自有它的妙用之處，而且有時候是必須使用的。

名師點評：橡皮擦的作用就是糾正錯誤，但如果我們過於依賴橡皮擦，往往會使自己心存僥倖。因此，我們在寫作業時，應該盡量有意的忽略橡皮擦的存在，把精力集中在答題上，只有

這樣才能真正的降低錯誤的發生率。畢竟，橡皮擦只能治標而不能治本。

學生收穫：橡皮擦是我們在學習過程中的輔助工具，它的作用在於能夠幫助我們改正表面上的錯誤，但對於內在的錯誤，橡皮擦是無法幫我們改正的，只有靠我們自己去認清題意，才能找出錯誤的根源，並加以改正。

家長專欄：在孩子平常寫作業的時候，家長可以為了強調孩子把作業寫得整齊、好看，而使用橡皮擦進行修正。但有些錯誤是橡皮擦無法改正的，而且也沒有那麼多的機會，比如在考場上，就需要孩子對答題的速度又快又準確，才能充分利用寶貴的時間。因此，在日常的學習當中，家長可以有意的幫助孩子進行「不用橡皮擦法」的訓練。

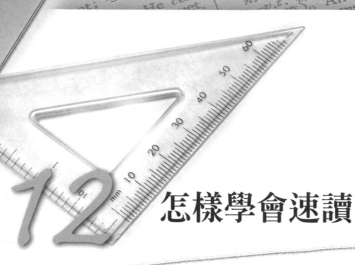

怎樣學會速讀

速讀就是快速閱讀。它是指能在盡可能短的時間內，從讀物中攝取到盡可能多的有用資訊的一種閱讀法。在中學階段眾多需要學習的課程中，掌握速度方法，提高閱讀效率，已經成為同學們的特殊要求。

速讀必須在默讀的基礎上進行，看到文字直接在大腦中喚起意思。也就是說，我們在閱讀時盡量攝入較大的語言單位，不是感知一字、一句，而是整句、整段，這樣一來，閱讀的速度自然就會大大的提高。另外，在閱讀過程中應始終以理解為基礎，把閱讀和思考緊緊地結合起來。

快速閱讀要掌握相對穩定的閱讀程序，做到有序地閱讀，不斷訓練，逐漸提高一般快速閱讀訓練的模式為：

①利用競爭心理，用計時閱讀激發緊迫感和效率意識。

②總結出「以迅速捕捉資訊為目的的速讀固定程序」，把握「快速歸納段意的規律」、「快速辨析文章架構與思路的規律」、「快速理解文中的語詞、句子的規律」、「快速賞析作品藝術特色的規律」、「快速評價文藝作品的規律」，根據閱讀規律，實現閱讀訓練規律化。

③對閱讀能力進行分解，將快速精讀能力分解為若干具體能力點之後，對每一項能力訓練進行量化處理，採取先分項、後綜合的訓練方法，用量化訓練實現快速高效閱讀訓練的科學化。

④借鏡相關學科原理，克服諸如出聲閱讀、用手點字閱讀、複視等影響速度與效率的因素。

速讀的技巧，需要同學們慢慢培養，這裡介紹幾個提高速讀效率和速度的方法：

（1）跳讀法

跳讀法就是指眼光從一個「字群」（字群是由多個字片語組

成的）跳到另一個「字群」進行閱讀，不是從頭到尾通觀全貌地讀，而是有重點、有選擇地去讀自己想要閱讀的內容，特徵是：有取有捨、跳躍前進。在閱讀中，主要抓住標題、中心詞、重點句段以及黑體字、圖表等進行掃視，把自己認為無關緊要的、熟知的內容，整行、整段，甚至整頁地跳過去，只搜索自己需要的相關內容。這種方法不僅可以快讀、多讀，而且可以迅速把握重點、快速獲取所需的資訊，把厚書變薄。這種方法既適用於查閱資料，也適用於對已讀過的資料進行分門別類的整理。

（2）視讀法

視讀法是速讀中最根本、最重要的一種讀書方法。所謂視讀，其實是一種「眼腦直映」（運用眼和腦兩大器官，省去了口的發音和耳朵的監聽）的讀書活動。如何把握「視讀」的要領並使之成為熟練的技巧呢？首先，應認識並把握視讀的特徵，再進行有效的訓練。具體的訓練方法有以下幾種：

①**垂直閱讀法**。垂直閱讀法又稱縱向掃瞄法，是指在讀橫排版文獻時，眼睛以較少振幅，沿每頁書的中心設想線，由上而下垂直掃瞄，迅速閱讀。

②**律詩垂直閱讀法**。選擇若干首自己未曾見過的五言、七言律詩，先在每首律詩的中間畫一條垂直的虛線，然後將視線沿虛線從上而下做垂直運動，整塊快速閱讀每一行詩句。訓練稍有進展，即可不畫虛線，做同樣訓練。

③**語群卡片閃示法**。閃示閱讀即把字詞、語句或語段寫在硬卡片上，將卡片在面前閃示而過，要求立即記下所見內容。閃示的文字可逐漸增多，閃示的速度也可逐漸加快。卡片上的文字符號，按先易後難的順序，先片語，後短語，再句群。卡片閃現的時間，則逐步縮短，直到一閃而過。每次視讀完畢，均應進行複述。

④**短文句段框讀法**。選數篇淺易短文，先按片語或短語編

組，並加以框示，然後以框內文字為整體認知單位，快速閱讀短文並複述其內容。待訓練稍有成效，再逐步加大難度：逐次將認知單位換為句子、句群，甚至段落；取消框示，按先易後難的順序，整體快速認知其片語、短語、句群與段落。這樣，變讀為看，變點式閱讀為線式、面式閱讀，並在反覆訓練中，自然增強了注意力、記憶力與理解力。以「眼腦直映」為特徵的視讀能力便隨之增強，閱讀效率自然也就隨之提高。

（3）掃瞄法

對於以查閱資料為目的的閱讀，可採用掃瞄式閱讀法。我們平時查閱資料、閱讀報紙、看說明書等大多用的是掃瞄式閱讀法。往往是一目十行，眼睛看到的不是字的筆劃，也不是具體哪個字，甚至不是具體哪個詞、哪句話，而是把所看的內容像圖像一樣一起收入視野，映入大腦，然後憑經驗、憑這幅圖像上的一兩處特徵，做出判斷。嘴不出聲，眼就像電子掃瞄一樣在字裡行

間快速瀏覽，即時捕捉自己所需要的內容，捨棄無關的部分。掃瞄閱讀的過程中，是否需要中斷、精讀或停頓下來稍加思索，可視所讀資料而定。在實踐中可採取泛讀、跳讀、讀標題等方式。對於報導、消息，可以由標題延伸到導語，然後再決定是否繼續往下讀。對於議論文，可以讀標題、開頭、每一段落的段旨句和全文的結尾。對於書本讀物，其步驟可以分為四步：

①瀏覽前言、粗讀序文。

②通讀目錄、按圖索驥。

③捕捉重點、攝取要點。

④形成縮影、做出判斷。

掃瞄閱讀法使用範圍極廣，無論在圖書館、閱覽室，還是在書店、書攤，還是在報欄、宣傳櫥窗，都可派上用場，尤其是用於查閱資料時，可以使你快速的找到自己所需要的內容，為你節省不少的時間。

（4）檢視法

檢視閱讀法是一種搜求性的閱讀活動，又稱為「尋讀」或「獵讀」。它以檢索尋找某項或幾項特定的內容為閱讀目的。有的是為了搜尋有關的讀物，並從中選擇最佳的必讀資料；有的是為了解決學習和研究中的疑難問題。

進行檢視閱讀必須具備兩個條件：一是熟悉並掌握工具書的門類和使用方法，要能準確地選擇工具書；二是善於利用圖書館，能使用圖書館的各種目錄、索引、文摘等。

進行檢視閱讀還必須具備四項技能：

①**摘錄和摘要**。紀錄圖書館和工具書提供的問題答案或閱讀書目，以便即時地組織或更新閱讀計畫和活動。

②**跳讀和猜讀**。帶著自己原有的問題迅速地閱覽，越過不需要或較次要的內容，而從讀物中攝取自己所需要的答案。

③**比較和選擇**。能從同類書刊的比較中鑑別哪種讀物是最佳

的或必讀的資料，哪種讀
物只有某一部分具有必讀
的價值，哪種讀物只能做
為某種觀點的佐證，或者
具有資料性的參考價值。
經過比較判斷，以確定是
否有必要進一步詳細的閱
讀。

④**概括和組織**。檢視閱讀是以獲取有效資訊為基本目的閱讀
活動，在迅速而準確地選到自己所需的資料後，還需要具有概括
和組織所讀資料內容的能力。

除了上面所說的方法外，像計時閱讀、競賽閱讀、程序閱讀
等也是快速閱讀的有效方法。

名師點評：在資訊爆炸的當今社會，掌握速讀術是一項非

常重要的技能，對我們中學生來說更是舉足輕重。同學們可以透過快速閱讀，迅速找到自己需要的東西，並節省了大量寶貴的時間，同時，又能擴大知識面，吸收更多的資訊。

學生收穫：快速閱讀當然是有技巧可循的，只要掌握一定的方法，並透過不斷的訓練，肯定可以把閱讀速度提高的。當然，這需要一定的時間和經驗的累積。

家長專欄：家長可以為孩子買一些介紹速讀方法的書籍，也可以給孩子準備一些資料供孩子訓練時使用。同時也可以給孩子設計各種問題，以此來檢測孩子的閱讀成果。但是，千萬不要急於求成，畢竟這是一個需要逐步培養的過程。

13 自我獎賞

　　相信很多同學都有過這樣的感覺：當別人稱讚你時，你的心裡會非常的開心，並暗下決心把這件事情做得更好。比如：國文老師表揚你作文寫得好，你會越來越喜歡寫作；英文老師稱讚你英文發音清楚，你會越來越喜歡學習英文；而當你代表班級贏得了一場籃球比賽時，在同學們的歡呼聲中，你也會想花更多的時間去練球。我們從別人的讚賞中得到鼓勵，也贏得了自信，因此願意花費更多的精力投入其中，並想以此換來更多的讚譽與掌聲。

　　但是，有的時候，很多事情並沒有按照我們的想像去發展。比如，你在學習上取得了很大的進步；你在一次考試中獲得了較高的名次；你為班級爭取了一次榮譽等等。本來你以為自己一定

會得到老師和父母的讚揚，以及同學們的羨慕的，但事實有時候並非如此，老師和父母可能什麼話也沒有說，甚至根本就沒有注意到，而很多同學也沒有表現出對你的熱情。這個時候你是否會感到非常的沮喪呢？是否會覺得自己的努力沒有換來應該有的回報呢？其實，不管你怎麼想，都是極為正常的，畢竟，在我們的成長過程中，每個人都需要掌聲，每個人都需要鼓勵，每個人也都需要別人的認可……憑什麼你獲得了進步，你為團體爭取到了榮譽，別人卻沒有任何的表示呢？這個時候，我們不妨換位思考一下，是不是老師最近比較忙？有更重要的事情需要處理？是不是父母近來在工作和生活方面的壓力比較大？或者他們都比較忙？至於同學，可能覺得你這樣是應該的，因為在他們的眼裡，你一直就非常的優秀，而優秀本來就不需要過多的讚揚……

那麼，這個時候，你不妨給自己來一個自我獎賞吧！自己激勵自己，自己讚揚自己，自己認可自己，並相信這樣做會使你更

加充滿自信。

那麼，自己應該怎麼獎賞自己呢？這就可以根據自己的情況而定了。

比如，你特別喜歡一本精美的筆記本，你可以告訴自己，等這次考完試之後，如果取得預期的成績，就要把這本筆記本買下來送給自己，並在筆記本的扉頁上寫下一些鼓勵和祝福自己的話語。

同學們可以依各人的興趣，去設定自己能力範圍內的獎勵品。在學習過程中，將你非常想做的事，暫且擱在一邊，等達到目標之後，再玩個痛快。為了要得到這個獎勵，你自然會全力以赴。當然，自我獎賞的方式林林總總，但有一點需要注意的是，要根據自己的條件進行適合的獎賞即可，這是需要掌握一定尺度的，以免造成本末倒置或得不償失。

名師點評：賞給自己的獎品一定是自己盼望已久的，如果

很平常，則難以達到給自己鼓勵和加油的目的。同時，也不能讓這個獎品干擾自己下一階段的學習任務，如果這樣的話就失去了自我獎賞的初衷和意義了。

學生收穫：自我獎賞的獎品要切合自己的口味和實際需要，不能太不著邊際。當然，獎品可大可小，可以是物質上的需求，也可以是精神上的需要，關鍵是自己喜歡即可。

家長專欄：身為家長，不管有多忙，也要抽出時間關心一下孩子，只要發現孩子進步，即給予適當的獎勵。如果由於條件的限制，沒有物質獎勵，那就給孩子說幾句鼓勵和祝福的話吧！相信你的鼓勵會使孩子更加喜歡學習，並遵守做人的原則。

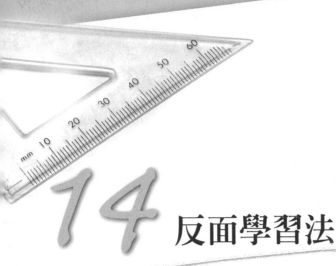

14 反面學習法

——用錯誤糾正錯誤

反面學習法就是針對經常犯的錯誤或不良習慣，利用「以惡制惡、以毒攻毒」的方法，不斷地加以重複，使思想行為變得完全紊亂之後，再進行糾正。

讓我們先來看看下面的例子：有一位心理學家過去用打字機打文章時，經常把「the」錯打成「hte」。有一天，他告訴自己：「不許再犯這種錯誤！」但在方法上卻完全倒行逆施。他要求自己不得把「hte」打成「the」。三個月後，他發現自己不但能快速自然地打出「the」，而且從此再也沒犯這樣的錯誤。剛開始時，他認為這種方法只是碰巧對自己有效而已。但接下來經過對學生進行實驗後，他卻發現學生們在使用這個方法後都獲得和他同樣的成效。因此，使他深信這種方法只要能夠善加利用，

必能取得高出「正面學習」數倍的記憶功效。

另外，射擊運動員在練習打靶時，由於視差等原因，有時候明明瞄得很準，但子彈卻往往總是偏離靶心。瞭解了這一點後，運動員在打靶時，槍口瞄準的就不再是目標本身而是目標的正前方，即打提前量。這樣，等槍響後，通常都能百發百中。這種「歪打正著」的方法反而使命中率更高，這便是運動員巧用了「以錯誤糾正錯誤」的效果。

當然，在應用這一方法糾正錯誤之前，自己必須先弄清楚錯誤的根源在哪裡，正確的答案又是什麼。而且，除非迫不得已，

這種方法還是慎用爲好，否則會弄巧成拙，往往會造成「以錯糾錯，越糾越錯」的尷尬境地。

名師點評：這一方法要慎用。同學們可以先試用一下，如果效果相當理想，那麼再放心使用。而且在利用錯誤糾正錯誤之時，首先要把自己錯誤的地方弄清楚。

學生收穫：反面學習法可以幫助我們出奇制勝，並取得出人意料的效果。利用自己的錯誤來糾正錯誤，如能運用得好，會使你對自己所犯的錯誤有一個更理智的認識，這樣改正過來的錯誤以後再犯的機會就會很少了。

家長專欄：對於孩子在學習的過程中經常犯的錯誤，父母可以使用「反面學習法」引導孩子，幫助孩子減少學習上犯的錯誤。

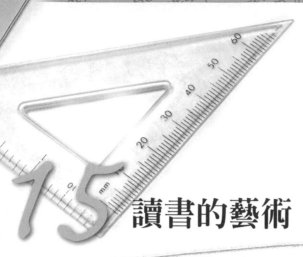

15 讀書的藝術

——抓住目錄與提綱

有的同學翻開一本書，常常跳過目錄，直接就看正文，並堂而皇之的說這是「節省時間」。此話誠然，如果你打算把這本書從頭到尾看完，當然可以不用看目錄。但如果你只是想找到這本書中的重點部分，那麼，「節省時間」最好的辦法就是抓住目錄和提綱。

以一句名言「我思故我在」而名揚天下的哲學家笛卡兒曾經說過：「一般的書籍只要讀幾行，再看看目錄，就可以瞭解書中說些什麼了。」可見，目錄的作用並不僅僅在於告訴你書的內容，透過目錄，你還可以看出全書中各章節之間的邏輯關係。所以，看過目錄，便可大致瞭解書中的主要內容及重點，並從中找

出你最需要看的內容。而且，如果你只看正文的部分，必然會很容易拘泥於細節，只見樹木而見不到森林。所以，對於已讀過的書，最好再重讀目錄，以便掌握全書的重點和精華，提高理解程度。

另外，讀目錄可以幫助我們總覽一本書的全局框架，而這種框架就如同圖書館書庫裡的書架一樣，上面放置的書刊既分門別類，又有一定的邏輯序列，甚至形成某種系統，易於瞭解而又便於查閱，具有普遍的適用性。因此，我們在讀書時，想要記住一本書（或一篇文章）的全部內容，就必須先認真地看這本書的全部目錄，因為目錄不但是這本書的知識「框架」，同時也是這本書的精華所在。如果你事先掌握了這個「框架」和精華，然後再閱讀書中的具體章節時，就可以從中尋找到自己想要的精華部分，最後再加以補充，即可使這個知識系統化，並在你的大腦中自然形成一個知識「框架」。

名師點評：目錄是一本書的框架，也是我們認識一本書的金鑰匙。懂得讀目錄的同學，通常也會懂得知識體系的重要，自然也就知道怎麼尋找書本中的精華，進而把一本書的精華部分吸收到自己已有的知識體系中。

　　學生收穫：學會讀目錄是建立自己的知識體系的一個好方法。我們在日常學習中，往往只是拘泥於細枝末節，而忽視了大的體系建構。把目錄讀懂則不失為一個簡單易行的方法。

　　家長專欄：家長要時刻提醒孩子讀書時應注意的事項，比如目錄、前言、序言等等，都是很多孩子在讀書時經常忽略掉的內容，而這些恰恰是每本書的「導讀」，因此，家長應引導孩子每讀一本書的時候至少先把目錄讀完。另外，還可以建議孩子寫讀書心得、讀書報告之類的東西，以訓練孩子的邏輯思考能力。

16 如何解決偏科的問題

　　眾所周知，偏科對於我們在學習上，尤其是在考場上是極為不利的。但即便如此，為什麼還有那麼多的同學偏科呢？而很多同學對偏科的理由不外乎以下兩個：一是對這門功課不感興趣，二是覺得這門功課太難了。其實，不管是不感興趣還是覺得太難了，都是個人的感覺問題，而這種所謂的感覺，透過你的努力是絕對可以改變的。

　　其實，同學們之所以偏科，最關鍵的問題應該是興趣的問題，因為如果你對這門功課有了興趣，那麼再難的問題你也會主動去突破，也就不存在功課難的問題了。另外一個是重視程度的問題，如果你覺得這門功課非常的重要，學好它對你來說將有很大的用處，那麼，你也將會投入比較多的精力來學習這門功課，

學習的成效當然也不會令你失望。

那麼，在實際的學習當中，我們應該怎樣解決偏科的問題呢？很多同學可能會這樣回答：「激發對這門功課的興趣。」這個答案當然很好，關鍵是我們怎樣激發出對這門功課的興趣呢？在還沒有激發出興趣之前我們又該如何呢？如果真的不感興趣，卻又必須要學好，又該如何對付呢？下面的這些方法或許對你會有很大的幫助。

（1）壓縮法。顧名思義，壓縮法就是對自己不喜歡的科目，採取將所學的內容盡量壓縮的方法。由於將這些內容壓縮之後，因為內容有限，雖然自己還對這門功課不感興趣，便由於覺得內容比較少，學起來會比較輕鬆，這就給了自己一個比較積極的暗示。這樣，就算是再不喜歡的科目，你也會耐著性子學下去的。而很多的事實證明，你學習這種功課的內容越少，往往應用起來卻比較靈活，只要能夠靈活運用所學的知識，自然就會對這

門功課漸漸的感興趣了。

（2）強攻法。所謂強攻法，就是越是感覺難度比較高的科目就越是要努力拿下它，即使出那種「遇強則強」的架勢。這種方法也往往收到神奇的效果，因爲當你眞正的投入之後，你會發現，原來這門功課並沒有你想像中的那麼難，既然不怎麼難，爲什麼就不能學好呢？

（3）突破法。這種突破法就是從你比較差的那一門功課中找出最薄弱的環節進行重點突破，以此來打開一個突破口。而且，只要將這個突破口打開，其他的問題往往也會迎刃而解。當然，要對自己比較差的功課的薄弱環節進行突破是需要一定的勇氣的，但只要你堅持採取少而精的突破方法，相信成功的機會是相當大的。

名師點評：每個人都有自己不同的興趣，而且很難將這些興趣統一起來，讓你去喜歡所有的科目。但只要到了考場上，不

管你喜不喜歡的科目，都必須面對。因此，偏科的同學就比較吃虧了。

學生收穫：要解決偏科的問題，最好的辦法就是要充分的認清自己的實力，並根據自己的實力制訂出攻克偏科這個難關的計畫，而且認真的執行下去，你就會驚喜的發現，自己之所以害怕這一科目，原來只是自己在嚇唬自己而已。

家長專欄：首先，家長不要強迫孩子去學習他不喜歡的那門功課，而是應該向孩子講述學好這門功課的作用；其實，可以採取獎勵的方法，比如向孩子承諾，如果他把這門功課的成績提高上來，就會給他一個很大的驚喜。

第三章　巧用他山之石

辭典是一位能隨時隨地伴隨著你，真誠無私地為你解答難題的良師益友。有了辭典並學會查閱它，就像快馬插上了騰飛的翅膀，能使你迅速地提高閱讀能力和寫作能力，幫助你儘快掌握某一門功課。

01 提高學習效率的四種方法

我們都知道，每個老師都有自己的講課風格，而且每種風格也都是各異的。那麼，針對每個老師的講課風格，我們必須調整聽課策略，才能變被動為主動。下面的幾種講課風格是很多老師比較喜歡用的：

（1）口若懸河型

口若懸河型是很多老師在講課中最常見的一種。他們講起課來通常都會滔滔不絕，但如果你一不留神，可能就會錯過一些重點的知識。所以，聽這樣的老師講課，一定要事先抓住重點，比如先下一番工夫好好預習，並在預習的過程中，弄懂兩個問題：一是這堂課將學習的內容是什麼；二是這堂課的重要內容是什麼。只要你提前把這兩個關鍵的問題弄清楚，那麼，在課堂上你

就不會被老師牽著鼻子走了。而是對老師所講的內容能夠一目了然，並能夠分清楚哪些是重點內容，哪些是次要內容，自然就不會錯過課堂上關鍵的部分。

（2）脫軌型

這種類型的老師講課的時候往往會脫離主題，漫無邊際的到處扯。這樣一來，有些同學往往就會聽得比較入迷，可是一堂課下來，到底有什麼收穫呢？心裡可能就會一片茫然，根本沒有留下什麼重點的知識。因此，在聽這種類型的老師講課之前一定要先詳讀所要學習的內容，要養成「搶先詳讀課本的習慣」，事先做好「重要事項一覽表」之類的東西，邊看邊聽課。這樣，就算老師講課時扯得再遠，你也會始終做到頭腦清醒，將課堂上的精華內容紀錄下來。

（3）飛彈型

之所以叫「飛彈型」，是因為這種類型的老師在講課的過程

中，一些學生肯定逃不過「被點名回答問題」那道關卡，這些問題就像狂轟濫炸的飛彈一樣，讓人膽顫心驚，而且誰也不知道下一顆飛彈會不會射到自己的身上。從表面上看，這種類型的老師是最不受歡迎的，但如果從當堂檢驗學生接受知識程度這個角度來看，這個方式確實是最好，也是最見成效的。至於一些同學害怕被老師點到名，其原因也非常簡單，那就是這些同學由於課前沒有做好預習，上課時又經常出神，對老師講的內容一知半解，這樣當然就沒有自信心了。因此，為了防止被這顆飛彈擊得暈頭轉向，最好應該做到在上課之前做好預習，並在課堂緊跟著老師的思路。如此一來，不管老師的這顆飛彈怎麼飛，也不管它怎麼飛向自己，你都能夠做到輕易的化解，甚至你還會主動舉手挑戰，轉守為攻。這樣，你就會在不知不覺中將課堂上需要掌握的重點知識輕鬆的放入自己的大腦中。

　　名師點評：各種類型的老師在授課方面都有其不同的特

點，各有長處，也各有劣勢。而同學們要做的，就是根據老師的授課方式，採取不同的聽課策略。最重要的一點，就是把老師上課時所講的精華部分收為己用。

學生收穫：上課時聽講的效果如何，直接關係到我們的學習成果和考試成績。因此，不管碰到什麼類型的老師，都要善於發現和認定他的長處，對於他的短處則應該做出相對的策略。

家長專欄：家長應該知道，不同風格的老師的授課方式，也可以讓孩子轉變思維，保持一種新鮮感，這樣就不至於讓孩子在學習上過於疲勞了。因此，家長也應該對不同類型老師的授課方式給予肯定。

02 充分運用課堂時間

　　大部分同學通常都是在課堂上只是紀錄一下老師講課的內容，而對於課堂上碰到的一些問題，往往會留到課後複習時再進行解決。這種學習方法看似很正常，實則是白白的浪費了寶貴的課堂時間，而且這樣一來還佔用了大量的課外時間，導致複習的時候壓力變得越來越大。其實，只要我們稍微的計算一下每天在課堂上的時間，就會發現有七、八個小時之多，再算算我們的課外時間，能有多少呢？充其量也不過三、四個小時而已，而且在這個時段內還要進行娛樂、運動等，所剩的時間就沒有多少了。而還要利用這點時間來複習課堂上沒有弄懂的問題，確實是有很大的壓力的，更何況課外時間複習的又不僅僅是一門科目呢！因此，我們應該在課堂上啟動所有的學習器官，爭取對一些知識做到當堂消化、當堂吸收，這樣課餘時間就比較輕鬆了。

相信很多同學都有過這樣的經驗，在課堂上學過的生字或內容，印象特別清晰，也容易記住。這是因為在課堂上，同學們同時受到不同的感官刺激：耳朵聽到老師的聲音，眼睛看到老師的表情，手抄下黑板上的筆記，心裡想著上課的內容，在這種綜合刺激的作用下，大腦對新的知識便特別容易吸收。而且老師在上課前都會用心準備，力求把內容融會貫通地教導同學們，所以，只要我們在課堂上認真聽講，通常印象都會比較深刻，進而使課外的複習變得比較輕鬆。

　　因此，請同學們一定要盡量利用課堂上的時間，把課堂當做自己學習的主要陣地，等老師教完了，你也能夠掌握了。這樣就會讓你掌握時間的主動權，更快的完成學習任務。當然，要做到這一點，最好在上課之前做好預習（這是我們一直反覆強調的），把自己不懂的地方標出來，以備上課時專心聽這一部分的內容或向老師提問，當堂解決這些疑難問題。

名師點評：同學們一天中的大部分時間都是在課堂上度過的。如何高效率地利用這段時間，將決定你學習的成效。因此，如果我們能夠做到在課堂上一邊聽老師講課，一邊在大腦裡吸收和消化，自然就能取得最佳的效果。

學生收穫：把所有的疑難問題都在課堂上解決掉，當然不太可能，但我們應該朝這個方向去努力。因為這樣才能把課堂時間充分的應用，盡量讓課餘時間變得比較輕鬆。

家長專欄：家長要經常提醒孩子，把學習過程中碰到的一些疑難問題放在課堂上解決，而不要佔用課前預習時間和課後複習時間。因為課前的預習主要是找出問題，而課後的複習主要是起到鞏固課堂學習成果的作用。

03 做一個善於發問的學生

　　在一般情況下，課堂上的提問都是老師提出問題，學生被動的回答，這種方法雖然也能取得一定的效果，但缺點是老師提出的問題雖然也帶有一定的普遍性，但這些問題對成績比較優秀的同學來說，根本就不叫問題；而對成績稍微差一點的同學來說，老師所提問的這些問題又感覺太難。因此，我們應該根據自己的實力，在課堂上向老師提出相對的問題，以尋求比較客觀的答案。

　　當然，由於各種主觀的因素，很多同學不知道在課堂上要提什麼問題，更有甚者會害怕自己提出的問題太簡單而被其他同學笑話。應該說這是沒有必要擔心的，畢竟每個人的接受能力有快慢之分，而且發問也是需要不斷的進行磨練的。因此，每次碰到

不懂或無法理解的問題時，就應該大膽的向老師提問。只要養成經常發問的習慣，日子一久，你就會覺得這是一種很好的學習方法，也是一種主動接受知識的方法。而且，當你發現該問的問題越多時，你對學習所投入的態度也將越來越積極。

那麼，在課堂上發問時，應該注意哪些事項呢？

（1）**要大膽，不要怕別人笑話**。這是一個心理素質的培養問題，想要成為一名考試高手，這一關必須要過。而且，要培養這種心理素質，並沒有我們所想像中的那麼難。同學們可以試想一下，我們到學校上課，其目的是什麼呢？不就是為了學習知識嗎？如果透過提問的方式可以使我們獲得更多的知識，又何必在乎其他的呢？因此，一定要拋開害羞和自卑的心理情緒。請相信，只要突破了這一關，在你今後的求學生涯中，前面的路就會越走越寬。

（2）**聲音洪亮，咬字清晰**。這就需要我們放下所有的心理

包袱，做到自然而然的提問，只要讓自己放鬆，在課堂上提問或者發言的時候就能夠做到聲音洪亮，咬字清晰。這樣就可以讓老師和每一個同學都聽清楚你的問題和發言。另外，大聲的發言可以訓練出你的膽量和自信。

（3）**條理清楚，簡單明瞭**。有條有理、邏輯清楚的講話不僅能展現出你的說話水準，還能表現出你的思維能力。因此，當你要提問之前，不妨略微整理一下自己的思路，可以打一個腹稿，也可以在草稿紙上簡單地寫一下。這樣就可以讓自己逐漸做到提問時條理清楚。另外，課堂上的時間非常的寶貴，我們應該盡可能地用最簡明的話提出自己的問題，以便節省大家的時間。

（4）**提問時表達的方式要恰當**。當你的意見、看法與老師不同時，要以適當的方式和語氣提出，切忌自以為是，目空一切。

名師點評：很多同學在課堂上常犯的一個毛病就是不會提問，不知道自己要問什麼。這是因為這些同學在老師講課之前沒有做好預習和缺乏思考，其實，只要你在課堂聽課之前認真的預習過，總會碰到一些問題和疑問的。

學生收穫：只要做到在課堂上不斷的思考，總是會碰到問題的，而找問題的過程本身就是學習的過程。另外，課堂上的提問既能訓練膽量，又能培養出我們良好的表達能力，實在是一種很好的學習方法。做個善於學習的學生，從善於提問開始。

家長專欄：身為家長，應該不斷的培養孩子的好奇心，而不要笑話孩子提出的一些似乎十分可笑的問題，因為每個孩子的想像力都是相當豐富的，家長應該為自己的孩子能夠擁有這樣的想像力而感到自豪，並不斷的培養孩子提問的能力。

04 怎樣巧妙地利用噪音

　　嘈雜刺耳的噪音，會攪亂人體心律的正常跳動，破壞身心健康，使人煩躁，無法靜心地思考和學習。所以學校和圖書館等學習場所，通常都禁止大聲吵鬧，製造噪音，在考場上更是如此。

　　但是任何事物都有兩面性，噪音也不例外。它在某種特定的條件下，也能使學習氣氛變得活躍，增強記憶效果。在這種環境下學習，如果你能巧妙地利用噪音，那麼也會讓你變被動為主動的。

　　一位成績相當優秀的學生在談到自己怎樣利用噪音配合學習時，這樣說：她的筆記本裡都是左頁抄錄上課筆記，右頁做為註解及自我練習用。但是最特別的就是她的筆記本的空白處，竟然記下了各種不同聲音出現時，她在做什麼事，這樣，她要記那

些東西，就利用「聯想」追溯記憶。結果，不僅將原本單調乏味的學習與生活打成了一片，還增強了記憶效果。比如，當她學習「電流通入氯化鈉中」時，在空白處記下了這樣的事情：「隔壁王媽媽和張媽媽吵架。」這樣往往就會產生非常絕妙的效果。

另外，在我們日常的生活和學習中，也經常會有這種情形出現。比如，街道上車水馬龍，各種噪音不時地傳入寧靜的閱覽室，卻絲毫引不起人們的注意，但身邊有人發出「啊」的一聲，哪怕聲音相當輕微，也會引得不少人抬頭張望。這是因為，當人們專心做某件事時，他大腦的潛意識也在活動，一有動靜，潛意識就馬上報告大腦，大腦就會做出命令，看有沒有危險（外面傳來的噪音不會有這種危害，所以大腦不會在意）。因此，遠處的一些噪音對我們的學習來說是不會造成太大的危害的。而近處的聲響，我們不妨利用上述那位學生的方法，對這種聲響加以靈活運用。

總之，噪音對我們的學習雖然帶來一定的影響，但也不完全是壞事，關鍵是看你以什麼樣的態度來對待它。有一些同學只要一遇到噪音就覺得心煩，甚至在考場上或教室裡的座位靠近馬路邊也覺得氣惱，其實大可不必如此。只要我們能夠正確認識噪音，就能夠適應並很好的利用它，使學習效率得以提高。

　　名師點評：正如任何事物都有兩面性一樣，噪音帶給我們的並不僅僅是害處。因此，我們要善於發現那些被認為有害的事物的另一面。同理，那些被認為有益的事物也要注意到它的負面影響。

　　學生收穫：大千世界的事情是非常奇妙的，我們對這個世界瞭解得還太少。所以我們不能對某一件事輕易地下結論，而是要適度地轉換思考的角度，發現那些被忽視的東西。

　　家長專欄：噪音雖然有時候非常惹人討厭，因此，如果孩子在家裡學習時，家長應該盡量保持家裡的清靜。比如，要注意

不讓電視、音響等的聲音過大，努力為孩子創造一個良好的學習環境。但如果這種噪音是客觀存在的，則應該引導孩子如何去利用或者適應噪音，使之有利於學習效率的提高。

05 和同學交換參考書可以汲取更多的智慧

　　很多人一直強調最好能將整本參考書徹底看完。但是，由於時間、精力等各方面的原因，一般情況下，我們很難做到這一點。而且，即使做到了，也不見得能有多大的好處。

　　每本參考書的編著人不同，水準不一樣，因此也就各有所長，各有所短。同一個問題，在甲書中寫得簡明易懂，在乙書中就可能艱深晦澀；在甲書中平平庸庸，在乙書中卻解析得十分精彩，這些都是一些客觀存在的事。所以，有時候雖然同是參考書，但實際的使用價值卻並不完全一樣。

　　法國哲學家柏格森曾經說過一句話：「如果一本兩百頁的書中，有十頁是有用的，這本書就有價值，就應該感謝作者。」因此，同學們不妨透過交換參考書的辦法，從中汲取各類參考書的

精華，應該說這是相當明智的讀書方法。

　　為什麼透過彼此交換參考書可以很好的汲取精華呢？這是因為其他同學看過的參考書，通常都會大概地讀過一遍了，對一些有用的地方和重點部分都做了標記，再加上一些簡單的註解。這樣，我們一看起來自然就能夠一目了然。而如果讓我們重新去買幾本參考書的話，往往還要花費大量的時間和精力去尋找書中的重點。因此，透過交換參考書，不但可以參考其他同學對重點部分的理解，同時又可以借鏡他們的學習方法，真可謂是一舉兩得。

　　名師點評：個人的力量畢竟是有限的，只有善於累積別人的智慧才能讓自己如虎添翼。和一些優秀的同學一起分享成功的經驗，會使我們少走許多冤枉路，找到通往成功的捷徑。

　　學生收穫：參考書不是越多越好，而且書中真正有用的東西也是有限的。但如果我們借用同學的參考書，就可以把一些有

用的知識無限的放大，而投入的時間和精力卻相對的減少。

　　家長專欄：有些參考書的實際效用可能很低，而一些孩子又很難辨別。因此，家長不要盲目的幫孩子買過多的參考書。而應該鼓勵孩子和別的同學相互交換參考書，相互借鏡彼此的學習方法，各取所需。這樣才能使孩子在學習的過程中既愉快又放鬆，並學到盡可能多的知識。

06 老師是最好的參考書

　　正如同有些科目你比較喜歡，有些科目卻並不感興趣一樣。在很多的任課老師中，有的老師讓你非常的欣賞，而有的老師卻又讓你怎麼也喜歡不起來。但是，就像碰到自己不喜歡的科目卻依然要學下去一樣，碰到自己不喜歡的老師，你依然要接受他們的教導。這是無法改變的事實，而我們能做的，就是想辦法培養自己對某一科目的興趣，主動和老師進行溝通。

　　在現實生活中，大部分學生都下意識地與老師保持距離，甚至會非常的害怕老師。這是因為，身為老師，他是有威嚴的一面的，但這並不影響你和他進行交流，相反，如果你能以一顆誠懇的心情，真誠的和老師進行交流，相信你會有意想不到的收穫。

　　讓我們來看一下這個例子：有一個學生，是校刊編輯，平

時自認文筆不錯。沒想到有一次作文課，文章竟被老師打了個低分，他心中始終憤憤不平，後來連帶影響上國文課的興趣，國文成績開始退步。後來有一天，他終於鼓起勇氣，去找國文老師，向他請教作文低分的原因。本以為老師會訓斥自己，沒想到老師和顏悅色地幫他分析了作文的毛病，以及評分低下的原因。這時他才恍然大悟，瞭解到自己文筆的不足與缺點。他誠心地接受了老師的建議，之後在作文上更加用心，學習國文的興趣也相對提高，成績也隨之有了大幅度的進步。

　　一般來說，老師是學生的榜樣，知識也比學生淵博。因此，親近老師確實會給你帶來明顯的學習效益。而一些善於利用老師智慧的同學還會去老師家中拜訪，進入老師的書房，翻閱老師的書籍，瞭解老師依據哪些教材進行教學。這些同學把老師當作最好的活參考書，不僅使自己變得更聰明，還建立了融洽的師生關係，對以後的學習產生了更大的自信心。

那麼，如何親近你的老師呢？這裡有幾點建議，供大家參

考：

①如果能自由選擇座位，應盡量選擇前排的座位。

②課堂上或者下課後，針對不懂的問題，虛心向老師請教。

③考前有關學習問題，盡量主動向老師請教。

④考後對計分方式及標準答案有疑問，應誠心向老師詢問。

⑤把老師既當成自己的師長，又當成自己的朋友一樣對待。

⑥對於未來升學問題，積極與老師討論，確立自己的方向。

當你發現自己與老師的關係開始變得親近時，相信你的學習

成績會有很大的進步。

名師點評：老師是學生的領航員。如果學生跟老師建立好

關係，積極提問、積極學習，老師也會願意與學生多接觸。這樣

雙方面的溝通，對學生、老師都有好處。如果師生之間的關係被

弄得十分緊張，自然會連帶影響同學們的學習。

學生收穫：不管老師的脾氣、性格如何，只要我們態度誠懇、認真學習，老師都會喜歡。如果基於某種因素，迫使我們和老師的關係開始僵化，應該積極的和老師主動交流，消除誤解，保持良好的師生關係。

家長專欄：家長要主動提醒孩子建立起良好的師生關係，因為老師是孩子學習的榜樣，孩子親近老師，不但能學到老師的學習方法，更能培養對這一學科的興趣，孩子也會更加願意學習，成績自然就能大幅度地提高。

07 對看過的書本進行勾畫

有很多這樣的同學，一本書從開學的時候就開始使用，但到了期末時，書本依然嶄新如故。可想而知，這些同學是怎麼讀書的了，或許他們會找藉口說，這是愛護書本的體現。但是我們有沒有想過，這種愛護的方式跟父母「溺愛」孩子有什麼差異呢？

也許你曾經有過這樣的經歷，當你需要查閱某些內容時，往往只記得它在某本書裡，具體在哪一頁第幾行卻已經記不清了。除非你再花上一段時間翻閱全書，或者湊巧碰到，否則，你就只有乾著急的份了。但是，如果你能在課本上用筆將重點部分勾畫出來，再做一些眉批加以提示，或將參考書拆散，按照內容重新分類編排。那麼結果就大不一樣了，這樣會使你在閱讀、查找方面變得更加的方便，同時也節省了大量寶貴的時間，提高閱讀與學習效率。

另外，對待一些練習本，我們還可以採用更爲「激烈」的方法。這又是爲什麼呢？原因是這樣的，一些同學在做練習題的時候，往往面對著厚厚的一本練習本，不自覺的就會產生畏懼的心理：「那麼多的題目呀，要多久才能做完呢？」由於覺得完成之日好像遙遙無期，於是很容易就會失去做練習的興趣。但是，如果我們把一本厚厚的練習本拆開，按照課本的編排，將拆開的練習本按照每一課或者每一單元訂成一本本比較薄的本子。然後再按照老師講課的進度，每學完一課就做一課，每學完一個單元就做一個單元。這樣，一方面，可以隨著老師的教學進度，隨時鞏固剛剛學到的知識，另一方面，一本較薄的本子很快就能做完，同學們也不會因此而產生畏懼的情緒，學習的興趣自然會更加濃厚了。

　　另外，由於書本在同學們眼中一向是神聖、神秘的，如今可以親手拆開、重新裝訂，也會平添一份親切感：「這本書是我自

己裝訂的。」對這樣的參考書，你一定會喜歡的，不是嗎？

名師點評：同學們對書本一向是看得非常神聖的，因此不肯輕易在上面亂寫亂畫。有些同學還為書本包上書套，這當然是好事。但如果為了學習的需要，在書本上做一些記號和勾畫，這樣會使書本的作用得到全面的發揮。

學生收穫：書本是用來學習的，在學習過程中，如果能根據自己的實際需要對書本重新裝訂，並不是一件壞事，也不表示我們不愛惜書本，而是要讓書本真正發揮它的作用。

家長專欄：孩子有時候為了學習的需要，會在書本上進行寫寫畫畫，甚至會將書本拆開再重新裝訂。對此，家長千萬不要大驚小怪，只要是為了學習的需要，都應該支持孩子。

08 經常翻閱辭典

　　辭典是一位能隨時隨地伴隨著你，真誠無私地為你解答難題的良師益友。有了辭典並學會查閱它，就像快馬插上了騰飛的翅膀，能使你迅速地提高閱讀能力和寫作能力，幫助你儘快掌握某一門功課。

　　然而通常我們只有在閱讀和學習中遇到困難時，才想到去翻閱辭典。其實，這只是利用了辭典的一半功能。

　　辭典的另一半功能是幫助我們在寫文章時用字遣詞更加正確，辭藻也更加豐富。雖然我們的目標是希望能夠多認識一些新的詞句，但要能活用已知的部分，只有在不斷地訓練中才能做到。所以在日常學習和閱讀寫作時，應經常翻閱辭典，核對自己的詞句是否正確、是否貼切。

不要等到要用辭典時才去翻閱，要在日常學習中，利用辭典隨時查閱自己的學習漏洞，檢查自己掌握不牢固的地方。你可以利用上課空檔，或是休息時，隨手翻開辭典，遇到自己不熟悉或原來沒把握的地方，就做一個記號，或在筆記本上記下來。這樣積少成多，不知不覺你的知識就豐富了不少。

另外，在查閱辭典時要注意：遇到生字最好能在查閱前先讀

讀生字前後的文句，猜測一下這個生字的讀音和含意，然後查辭典來印證。這種方法查出來的生字，比起遇到生字想也不想就直接去查閱，記憶效果要好得多，通常也難以忘記。

名師點評：辭典是同學們不會說話的良師益友。同學們要善於利用辭典，經常應用辭典，這樣才能發揮辭典的功能。同學們可以把辭典隨身帶在身邊，遇到問題隨時查閱，一有閒暇時間，也可以翻翻。

學生收穫：辭典的用處很大，而我們在日常學習中，經常忽略它，或者忘記它的存在。這是我們學習方面的一個漏洞。我們要讓辭典真正起到幫助我們學習的功效。

家長專欄：辭典的功能很多，家長要引導孩子在各個方面發現辭典的功用，並使之促進學習。家長也要做出榜樣，遇到不明白的問題，不能輕易放過，而是儘快解決，勤查辭典。

09 怎樣和成績比你差的同學一起學習

　　某人學打高爾夫球時，曾求教於一位名將。這位名將體型魁梧，力大如牛，打球時具有極大的衝擊性。儘管他很盡心地將自己的獨特打法傾囊相授，但這個人卻始終無法心領神會，最後只好放棄了。後來有一天，他與一位技術不甚高明的朋友一起打球，竟從朋友身上領悟出以往始終未能掌握的技巧要領。檢討原因，不外乎兩人的球技差不多，克服同樣的困擾後，也更清楚自己的缺點在哪裡，如何去改進。

　　讀書學習也是這樣。一般而言，大多數人都想與成績好的同學一起學習，為的是可以汲取成績好的同學的學習經驗，隨時請教學習方法。但是俗話說：「一流的選手並不一定是好教練。」換言之，成績好的同學未必就是好老師。每個人都有自己的差異。成績好的同學遇到的困難並不完全和成績差的同學一樣。在

成績差的同學認為困難的地方，成績好的同學甚至會驚詫：「這還不容易懂？」所以成績好的同學無法知道他的毛病出在哪裡，需要怎樣的幫助。

而與成績相近或者稍遜於自己的同學互相切磋，同時觀察對方在解決同一難題時有什麼想法，下過什麼工夫，實際上是很有好處的。以人為鏡，方能找到相同的病根，得到意外的啟發，問題必可迎刃而解。

當然，這並不是排斥向成績好的同學學習。只是說，在向成績好的同學學習的同時，不要忘了和成績差的同學切磋。

事實上，只要方法得當，和成績差的同學一起學習也能提高自身的水準。因為，與成績不如自己好的同學一起做功課，被請教的機會就多一些，你為他講解的過程實際上也是一個考驗自己對知識掌握程度和進一步鞏固知識的過程，那些你自己也回答不出的問題就是你在學習中的薄弱環節，你自然而然就會進一步去

理解和掌握。時間久了，你自然而然就會有很大的進步。

名師點評：與成績差的同學一起學習，一樣對自己很有幫助。成績差的同學可以提醒你注意哪些可能出錯的地方，也會藉提問的機會讓你重溫一遍課程的基礎部分，他遇到的問題可能也是你遇到的問題。

學生收穫：與成績差的同學一起學習，可以互相彌補學習上的漏洞，改進那些不見成效的學習方法。我們常常忽略這一方面，只看到了優秀同學對我們的教導、榜樣作用，卻沒有想到兩者的差距。

家長專欄：家長常常擔心孩子跟成績差的同學一起學習，自己的孩子會被帶壞，學業成績下降，所以總是禁止孩子這一方面的動向。這並不是可取的方法，也並沒有根據。家長可以觀察一下，只要是正常的學習交往，都具有很好的效果。

10 作業是鞏固知識的手段和進步的階梯

做作業的過程，實際上是鞏固知識、運用知識的過程。它既能幫助我們複習和鞏固課堂學習的知識，又能培養我們運用知識的能力。認真做作業，是學習成功的有效方法。那麼，應該怎樣做作業呢？

（1）要養成定時做作業的好習慣

每天在什麼時間做作業，做哪一科作業，都要形成規律，養成習慣。到了固定的時間就自動去做作業，不會因為別的事情而輕易佔據做作業的時間。

（2）做作業之前先準備好相關用品

做作業之前，應該先準備好相關的課本、參考書、作業本和文具，以免做作業的過程中因為缺少東西而東翻西找，分散注意

力。

（3）先易後難

先把當天要完成的作業都大致地看一遍，確定難易度，然後按照先易後難的原則安排做作業的次序。因為，先做容易的，有利於激發寫作業的興趣和提高寫作業的自信心。而且，難做的作業花費時間、精力較多。如果先做難題，再做其他作業時，會感到疲勞，失去興趣，影響後面的作業的品質。

（4）盡量獨立完成

運用書上的知識，加上自己的思考，做出的答案會在腦子中留下深刻的印象。因此，做不出來的練習題，應當先獨立思考。或者翻翻課本，看看筆記，想想課堂上學的知識和這道練習題是什麼關係。或者，把這道練習題擱著，先做其他題目，然後再來思考這個練習題，也許思路開了，就能做出來。如果實在做不出來，再去請教別人，或和別人展開討論。如果不經過自己獨立思考，先請教別人，或直接抄同學的作業，這樣做的作業，印象就

不深，而且難以發現學習中的薄弱環節和不足之處，容易養成依賴心理和投機取巧的壞毛病。

（5）自我檢查

作業完成之後，要仔細檢查，看看有沒有點錯小數點、漏寫單位等因為粗心而犯的錯誤，這樣有助於養成細心的好習慣。

名師點評：作業是老師用以檢測學生學習成果的有效工具。所以，同學們一定要認真對待，不能敷衍了事，更不能東抄西湊。而要讓作業真正反映自己的學習成果，這樣老師才能瞭解你的真實情況，進而制訂出合適的對策。

學生收穫：作業對於我們學習的重要性，我們是非常瞭解的。但是，我們卻常常因為多種原因而忽視作業的品質，草草完成。其實這是放棄了一次自我檢測的好機會。

家長專欄：作業量的多少並不能證明孩子的好學程度，關鍵是看品質。那些能認真完成作業，勤奮思考，不放過任何小的細節、小的問題的孩子才是學習態度正確的優秀學生。

第四章 高手解惑

預留空白時段是保持計畫彈性的重要方法，在你
的計畫表上，每週至少要有一至二個單位時間是
完全空白的，此一空白時段又可稱彈性時間，這
一段時間會給你充分調節的機會。

01 正確看待短期計畫和長期目標

制訂學習計畫表，一定要有每天的短期計畫。

有一位時間管理專家曾說過：「長遠的計畫只會使人消沉。」又說：「如果想使目標早日實現，除長遠目標外，你還必須制訂每天計畫，使生活組織化、規律化。」人非常容易倦怠，也非常健忘。所訂的計畫太遠太大，一時實現不了，就會失去新鮮感，使人厭倦、消沉。常常有這樣的現象發生：一個星期或一個月的計畫，因為一天兩天的耽誤，無法如期完成。於是越拖越久，越積越多，終於變成為計畫而計畫，完全忽略了計畫的目的是什麼，計畫要幫助我們達到哪些效果。這樣的計畫最後變成了紙上談兵，失去了它本來的意義。

所以，我們應該養成一個習慣：隨身帶一本筆記本，每天早上或晚上制訂好第二天的計畫，越詳盡越好。第二天結束時再仔

細核查一下，完成了多少，還有哪些沒有完成，然後，列出隔天的計畫。如此周而復始。

這種短期計畫有效地防止了紙上計畫與實際執行之間的差距，做到了訂下計畫就一定能完成的結果。同學們千萬不要做「百年大計」的打算，否則即使計畫制訂得再漂亮，卻不能完成，那麼這個計畫的制訂又有什麼意義呢？

擬訂計畫不是很困難的事情，但計畫能否實現，則靠真功夫了。我們不要過分地注重長期計畫和遠大目標。只要能夠確保每天的短期計畫按時完成，養成「今日事，今日畢」的習慣，無形中也就完成了星期計畫、月分計畫等長期計畫。

名師點評：同學們常犯好高騖遠的毛病，做計畫前不考慮自己的實際情況，先規畫一些長遠的目標，以為有了目標，就有了動力，卻常常因為日常事情的複雜變化，導致計畫不能實行，最終使計畫失敗。

學生收穫：我們要把眼光放低一些，腳踏實地，從日常制

訂的小計畫做起，只要堅持下去，小計畫也能有大的收穫。日常的小計畫還能避免突發事件對整體計畫的影響，不至於改變學習的進度。

家長專欄：短期計畫的優勢是非常明顯的，尤其對那些還沒有穩定下來的孩子。在中學階段，孩子趨向於外向、好動、容易煩躁、沒耐性，所以，鼓勵孩子完成每天的小計畫是非常適合這一階段的學生的。

02 怎樣給自己預留彈性時間

人是情緒的動物，也都有惰性，千萬不要以為自己是萬能的機器，很多人在制訂計畫時 ，把時間排得滿滿的，不讓自己有一點喘息的機會，這實在是犯了兵家第一大忌。任何人都會有情緒低潮期，也無法避免突發事件，許多計畫就是因為實施中途被一點小事打斷，以後再也追補不上，於是不得不放棄，這是多麼可惜的事情，因此擬訂計畫一定要富於彈性，可以適時地加以調整。

預留空白時段是保持計畫彈性的重要方法，在你的計畫表上，每週至少要有一至二個單位時間是完全空白的，此一空白時段又可稱彈性時間，這一段時間會給你充分調節的機會。如果一週來你都能按計畫實施，彈性時間將可使你大大地鬆一口氣，高興一番，你可以利用它去做一些自己想做的事情，也算是對自己

的一點鼓勵。如果你的計畫因故耽擱了，你正好利用彈性時間予以補救，不致影響到全盤進度，如果你精力充沛，鬥志十足，那麼你可以利用彈性時間繼續奮鬥，享受超越進度的快感。

由於主、客觀因素的變動，計畫很難十全十美，在擬訂計畫之前，就必須有日後將可能修正的心理準備。尤其是初次擬訂計畫時，更要允許自己有嘗試錯誤的機會，一旦發覺計畫有不適合的地方，就應立即修正調整，「勇往直前，義無反顧」，並不是執行計畫的理想態度。

別忘了，計畫是用來幫助你主宰時間的，而不是要你成為時間的奴隸。在擬訂計畫時，不要以為自己是天才，也不要把自己當成白癡，該做多少？能做多少？有多少時間去做？一切要靠你自己去嘗試、去努力、去決定。

名師點評：制訂計畫時，允許自己的情緒有所起伏，為計畫的實施預留一些彈性時間，這是保證計畫最終能實行的有效措

施。否則計畫不能完成，也會影響到以後計畫的實施。

學生收穫：把自己的計畫安排得太滿的人，多少有些不會變通，不懂得靈活應對日常生活的複雜情況。所以要為自己留出空白時段，使自己有充裕的時間面對日常複雜多變的情況而不會過於緊張，避免疲於奔命、焦頭爛額。

家長專欄：家長通常總是在不知不覺中給孩子添加了很多壓力，使孩子常有不能喘息的感覺。所以，給孩子減壓，並不是表面上書包的減壓，而是為孩子的心靈減壓。

03 做個懂得休息的學生

　　該休息時便完全放鬆地休息，對於恢復疲勞最有效。因此，當我們決定休息時，就應該把一切事情都放下，讓身心呈現一種完全放鬆的狀態。如果將學習的餘波帶入休息時間內，休息的真正效果便無法確實發揮了。

　　休息時間和學習時間怎樣分配才算合理呢？大多數人都認為長時間工作（學習），長時間休息最好，以為這樣做既可以使工作有成效，又可得到充分的休息。然而，他們忽略了人類的生理和心理反應。科學家針對人類工作時間和休息時間的分配表做過生理、心理實驗，發現作業時間越長，所需的休息時間也越長，大約是相對需要的兩倍、四倍……

　　人類的最佳精神狀態，即能使精力高度集中的時間大約是二十五至三十五分鐘。這段時間雖短，但若能有效地利用，所發

揮的功能就遠勝於一天二十四小時都關在屋裡死記硬背。

　　假如你決定一天學習三小時，可是又不會好好地安排這些時間，那麼再多的時間也是沒用。想要取得預定的學習效果，最好的辦法就是分成若干時段。每隔二十五至三十五分鐘休息一下。有些父母和老師強迫孩子在書桌前一坐就是好幾個小時，要求孩子專心讀書卻不能如願，原因就在這裡。

　　另外，午睡可將精神狀態的最高峰從一天一次變成一天兩次。有些人為了充分利用時間，捨不得在中午去小睡片刻。殊不知人的精神因為一個上午的勞累而呈疲憊狀態，若繼續堅持學習將使精神頹喪，情緒煩躁，所以睡一下覺反而能在下午的學習中達到另一個學習的高峰期，這樣反而能提高學習效率。

　　名師點評：同學們常常忽略休息對學習的促進作用。其實適當的休息不但不會佔用學習時間，反而會提高學習的效率。所謂「磨刀不誤砍柴工」說的也是這個道理。

　　學生收穫：假如學習的時間雖然很長，而效率並不高，因

此就難以達到預定的學習目標。持續打疲勞戰術，實在不算是高明的方法。聰明人會勞逸結合，既不讓自己過度勞累，又能輕鬆地完成學習任務。

家長專欄：家長不要看到孩子天天坐在那兒讀書，就非常高興，以為孩子懂得用功。這反而是孩子不會學習的表現。所以家長要隔一段時間把孩子叫起來，讓他稍微休息一下，以免孩子勞累過度。

04 適當的體育運動會讓大腦休息得更好

　　讀書學習，以腦力活動為主。長時間地保持坐在書桌前看書寫字這種姿態，會導致全身血液流動不暢，身體各部分，尤其是腦部需要的營養得不到即時補充，使身心產生病態反應，變得焦躁不安，情緒低落。這是學習效率減低的重要原因。運動，尤其是稍微劇烈一點的運動，能促進新陳代謝，加強血液循環，使腦部和身體其他部位所需要的營養即時得到補充。

　　同時，運動能使大腦的興奮與抑制過程合理交替，避免神經系統過度緊張；可以消除腦力疲勞，這對學習負擔很重的學生來說無疑是極其有利的；適量運動還可以使原來興奮的那些神經細胞抑制得更完全，休息得更充分，對用腦過度者也有改善作用。我們都有這樣的體會，看書看累了，或被幾道難題困擾得心煩意亂時，到外面去打打球、跑跑步、活動活動，心裡就覺得特別痛

快。可見，適度的運動能調節身心活力，強身健腦。

另外，經常參加體育鍛鍊可提高人體的免疲能力和抗病能力；可以提高食慾，促進青少年生長發育。有鑑於參加體育鍛鍊的多種益處，每日至少鍛鍊1～2小時；鍛鍊的項目可根據自己的愛好選擇，因地制宜，如各種球類、跑步、練操等；運動量要適中，不宜大運動量的活動，避免勞累過度，影響其後的複習效果。

還要注意的是：剛做完劇烈運動時，不可馬上坐下投入學習之中。應該讓自己安靜地坐一會兒，或者打個盹，以便大腦從劇烈的體力勞動轉移到腦力勞動中，不要怕浪費了這幾分鐘。

此外，在制訂讀書計畫時，最好能將運動時間安排在讀書之後。大體而言，上午比較適合讀書，所以運動安排在下午或傍晚前後較爲適宜。

名師點評：適度的運動也是一種有益身心的休息方式，學校的體育課程就是根據科學的結論做出的合理安排。因此，同學們要利用身體的機能，學會合理安排自己的作息時間，把體育運動也列入自己的學習計畫表中。

　　學生收穫：身體是革命的本錢。身體累垮了，再怎麼努力用功也沒有用了。我們要積極鍛鍊身體，只有身體強壯，才能有活力、有精神長時間地投入學習當中。

　　家長專欄：家長對於孩子進行體育鍛鍊，不要過多阻攔，這是另一種學習之後的放鬆方式，而且還順便強化了體質。只要孩子能有自制力，不在運動上面花費過多的時間，家長最好不要干涉。

05 改變看書姿勢是消除疲勞的好辦法

人們日常感到的疲倦，並非真的是身體上的疲倦，它往往是一種心理倦怠。改變學習姿勢，為頭腦帶來新的刺激，是消除倦怠的一種好辦法。比如伸展四肢、頭往後仰、躺下、蹲下、彎腰等，不一而足。伏案學習之時，可以時而托腮，時而撫腰。臥床看書，時而翻身，時而伸腿，這些無意識的動作之所以會產生，就是身體的一種自我保護、自我休息。

你還可以有意識地過一段時間便改變一下學習姿勢，比如從坐姿改為站姿。站立時，生理的肌肉會適度的緊張，這種緊張感會刺激神經，能提高注意力。或者從坐姿改為蹲下，方法是從椅子上站起來，先踮起腳尖再慢慢放下腳跟，後屈膝呈蹲姿緩緩繞行。此法可迅速消除疲勞，增進學習欲望。

改變姿勢時，不但周圍的氣氛隨之改變，連心情也會有所不同。進而為頭腦帶來新的刺激，使身體逐漸消除疲勞，精力也更加專注。

另外，採用放鬆的姿勢讀書，也會取得高效率。很多教育心理學家認為，學生上課時如果不坐在椅子上，而是順其自然地在地板上或坐或臥，那麼，學習效率會大為提高。因為，端坐並不是看書、學習的唯一正確的姿勢，最重要的是要保持放鬆的身體姿態，這樣才不容易疲勞，而利於集中精力，進而提高學習效率。

對學生來說，只要保持你的姿勢不會影響視力，那麼，盡量改變姿勢，在放鬆的狀態下看書是最有效的讀書方法。

名師點評：消除大腦疲勞的方法很多，同學們可以在日常學習中摸索經驗。而改變身體姿勢是一種比較簡單有用的方法。它能迅速為大腦帶來新的刺激，使大腦重新振奮起來。

　　學生收穫：我們原先認為的好學生都是那些能規規矩矩坐著讀書的學生，現在看來，這一看法並不一定正確。只要能讓自己集中注意力，專心學習，採取什麼姿勢讀書並不重要。

　　家長專欄：家長要放開心胸，不要把孩子培養成只會死讀書的書呆子。要讓孩子學會活潑地學習，讓孩子的天性健康地成長。

06 預習是使學習更順利的法寶

　　上課前充分預習，與「不打無準備之仗」有異曲同工之妙。預習效果好，聽課才能有針對性；聽課有針對性，複習才能順利進行；複習深刻，作業、考試才能得心應手；平時做作業、考試得心應手，升學考試就能順利過關。所以說預習是學生學習過程中一個必不可少的環節，對學習影響很大。根據<u>中國北京市</u>1000名初一至高三學生的調查，重點學校有25％的學生、普通學校只有17％的學生能夠達到預習要求。也就是說，有75％的學生沒有預習的習慣。

　　預習時雖然不能把教材全部弄懂，但是只要努力總能弄懂一些。對自己弄懂的東西，我們對它會產生興趣。對雖經努力仍未弄懂的東西，我們對它會產生一種強烈的求知欲。在這種心理狀態下聽課，精力自然就會集中到新課的重點、難點和疑點上。

聽課時，目的就會明確、注意力就會集中、思維就會主動。再經過老師的講解、指點與啟發，對知識的領會便可以進入更高的境界。

預習還可以使我們有精力去考慮更深層次的問題。如當老師講到預習時已經弄懂了的內容時，可以驗證一下自己對知識的領悟是否正確。可以向老師學習思考問題的思路，看老師是如何提出問題、如何分析問題和解決問題的，學習老師的高明之處。

預習還能培養你的自學能力。我們常常看到一些同學，他們很努力學習，一天到晚忙忙碌碌，有做不完的作業，改不盡的錯題，時間總是不夠用，但學業成績卻總是不理想。如何改變這種被動的局面呢？

辦法只有一個，變被動為主動，變不良循環為良性循環。越是時間緊湊，越要抽出一定的時間預習。透過預習避免無效的活動，透過預習贏得學習的時間，透過預習扭轉被動的、苦惱的、倒退的學習過程的惡性循環。越是上課聽不懂，越要抽出一定的

時間來預習。

　　預習是重要的，是非常有意義的，但是，預習並不是必要的！預習是為聽課做準備的。預習應該是在有條件的情況下來進行。對學習狀況較差的學生來說，比預習更重要的是如何在作業以外的時間裡把以前的薄弱和空白點即時彌補上來。

　　名師點評：預習的重要性同學們都知道，但有沒有在日常學習中實行，就是一個關鍵點。因此同學們一定要拿出時間進行課前預習，這樣才能真正打一場有準備的漂亮仗。

　　學生收穫：預習好處多多，我們可以透過預習來取得學習的主動權。這對我們來說非常重要，因為我們的學習任務很重，所以不能浪費時間在這些能影響學習進度的事情上面。

　　家長專欄：要引導孩子搞清楚預習的目的。預習不是全面學習，它只是為高效率聽課做的準備工作。因此預習不能喧賓奪主，侵佔其他學習時間。

07 高效的預習方法

這裡介紹幾種預習方法，同學們可以根據自己的實際需要選擇適合自己的預習策略。

（1）**分類預習**。預習從時間和內容上可分為三類：一是課前預習，二是階段預習，三是學期預習。課前預習，就是在上新課前預習下一節課的內容；階段預習，就是用較長、較多的時間預習一章或多章的內容；學期預習，就是在假期中預習下學期的內容。

（2）**選擇好預習時間**。課前預習時間最好安排在做完當天功課後的剩餘時間裡，根據時間的多少來確定預習內容的深度和廣度。

（3）**迅速瀏覽新課**。預習時，先把要預習的內容快速瀏覽一遍，使自己對新課心中有數，初步知道新課中哪些是一看就懂

的，哪些是看不懂的，然後帶著這些問題去細讀第二遍。

（4）**帶著問題細讀第二遍。**閱讀第二遍時，速度要放慢一些，一邊細讀，一邊思考與理解，遇到不明白的地方，要停下來反覆思考，對不認識的生字、生詞，要立即查工具書弄明白，實在不懂的問題，就把它記下來帶到課堂上，聽課時再去解決。

（5）**要邊閱讀邊記筆記。**第二遍閱讀的時間，就是做筆記的時間。預習筆記有兩種：一種是記在書上，另一種是記在筆記本上。在書上做筆記，就是邊細讀，邊在書的空白處或有關內容下圈點、勾畫或批註；在筆記本上做筆記，就是一邊細讀，一邊把重點和不懂的內容綱要記在筆記本上。

（6）**要找出重點和疑點。**預習中，一定要把新課內容的重點和疑點找出來，然後把重點和疑點帶到課堂上去。經老師講解後，有些問題仍不明白，就要抓緊時間和機會向老師發問，直到把預習中找出的疑點弄明白為止。

（7）**獨立思考發現問題。**預習成敗的關鍵，就是能獨立思

考，發現問題，提出問題。預習中要先思考，後查資料；先發現問題，後提出問題；先看清意思，然後再做筆記。

（8）**不要全面預習**。預習時，不要一下子全面預習，全面預習是不切實際的，一是時間難保證，二是精力難保證，三是品質難保證。預習要先選擇自己感到吃力的內容先預習，時間緊迫時，先查出生字、生詞和列出不明白的地方，時間更緊迫時，就先把新課快速閱讀一遍。不要認為作業時間緊迫，就放棄預習。

（9）**不同學科採用不同的方法**。預習時，不能千篇一律，不同的學科要採用不同的方法預習，抓不同的要點。比如，預習數學時，要把重點放在數學的定理、定律、公式、概念和原理上；國文預習重點放在排除生字、生詞、中心思想、段落大意和寫作風格上。

名師點評：預習的方法有很多，同學們可以根據自己的學習情況，選擇適合自己的方式。只要自己能見到實效，就是對自

己有用的好方法。而且同學們還可以自己尋找適合自己的預習方法。

學生收穫：預習最重要的一點是排除疑難問題，為上課做好準備。因此首先要掌握那些自己不熟悉的部分，讓頭腦先有個整體印象，然後再解決細節問題。

家長專欄：預習方法可以跟自己日常的學習習慣結合，這樣更能發揮預習的效果。同時，要堅持預習，不能找各種藉口來推脫預習。預習能起到舉重若輕的效果。

08 怎樣讓知識眞正在大腦內消化

同學們要有把厚書讀薄的能力。因爲同學們日常學習非常緊張，要學的課程很多，而時間又不寬裕，所以，當你拿到一本書時，要學會從總體上把握這本書的知識系統，它要講的重點是什麼，這樣就不容易出現大的知識漏洞。同時又不至於在知識末梢上過多地消耗精力和時間。

我們所學的知識有各種不同的層次。在基礎階段，常是一些具體的事物及知識，只要多下工夫接觸，自然會有收穫。但是較高層次的學習，則包括了一些抽象的概念及原則。我們必須把它眞正消化掉，才能變成我們自己的知識和能力。就以我們吃的食物來說，必須經過消化，才能爲身體所吸收，而學習的資料，也必須經過理解與整合，才能成爲眞正的知識。理解與整合又有層次上的區別，理解是對概念的初步瞭解與吸收，整合則是在吸收

消化之後，遇有相關的資料或觀念時，能夠舉一反三地運用已獲得的知識，去解決新發現的問題。在學習過程中，如果能把握理解及整合的要訣，而不再像小學生照單全收，只會強記，將是你學習領域的一大突破。

促進整合的方法很多，以下是幾種較常用到的方法：

（1）**比較異同**。這是整合的基礎，也是應用最廣的方法之一。當你遇到形式或意義近似的名詞、概念，或理論時，應隨時提醒自己加以比較。

（2）**找出因果關係**。對事物因果關係的探尋，有助於我們對概念的全盤瞭解。當我們由某一事實或現象去追究原因時，往往也會連帶地發現許多其他事物之間的關係。例如在研讀歷史的時候，如果能深入思考史實之間的因果關係，你將會發現歷史絕不僅是年代、人名及事件的敘述而已。

（3）**類推及應用**。如何將許多零碎的知識整合起來，實在有賴同學們類推能力的加強。類推就像邏輯的基本法則：「若A則B」，當你看到A的時候，應該想想B是如何？有時看似一件簡

單事實的陳述，但只要稍微動動腦筋，就會發覺它和許多事物有關聯，這些關聯一想通，你就會享受到豁然貫通的樂趣了。

（4）**判斷及評價**。在對學習資料全盤瞭解之後，你必須學會思考以下的問題：「我學這些東西，其真正的意義何在？」、「我所獲得的結論，是否符合邏輯？」、「有足夠的證據支持這些說法嗎？」、「是否還有其他不同，甚至相反的說法？」

名師點評：學會整合是高年級同學要面臨的問題。同學們要在日常學習中，時時訓練自己對事物的整合能力。只有整合能力增強了，才能增進自己的學習效率。

學生收穫：學會把厚書讀薄，就是要訓練自己的邏輯整合能力。我們可以嘗試從小的方面做起，比如讀一篇文章，概括歷史、地理規律，尋找課本的重點等等。

家長專欄：整合能力的增強需要日積月累的努力，才能見成效，所以要沉住氣，不要急於求成。當你把自己掌握的知識連成系統時，就學會了初步的整合能力。

09 怎樣做到「不動筆墨不讀書」

「不動筆墨不讀書」，這是前人的學習心得，也是對我們的教誨。一邊讀書一邊做筆記，學習效果比單一的讀書好。預習筆記不同於課堂學習筆記，不要求太詳細，只要求大家在讀書過程中，要邊讀、邊畫、邊批、邊寫。畫，就是畫層次，畫要點，以使自己明確課文的思路和主要知識；批，指眉批和尾批，記下自己的讀書心得；寫，就是寫課文的內容提要，記自己不懂的問題。這樣預習能使自己展開思維，增強記憶，提高學習品質。

（1）「讀」——先粗略讀一遍，以領會教材的大意。根據學科特點，然後細讀。可把課本分為概念、規律（包括法則、定理、推論、性質、公式等）、圖形、例題、習題等逐條閱讀。

例如，看例題時要求同學們做到：

①分清解題步驟，指出關鍵所在。

②弄清各步的依據，養成每步必問為什麼，步步有依據的習慣。

③比較同一節例題的特點，盡量去體會選例意圖。

④分析例題的解題規範格式，並按例題格式做練習題。

（2）「畫」——即畫層次、畫重點。將一節內容畫分成幾個層次，分別標出序號。對每層中重點用「★」，對重點字、

詞下面加「≈」，對疑難問題旁邊加「？」，對各層次間關係用「＝」表示等等，畫時要有重點，切勿面面俱到，符號太多。

（3）「寫」──即將自己的看法、**體會寫在書眉或書邊**。

①寫段意：每一段在書邊上寫出段意。

②寫小結：一要概括本書內容，二要反映本節各內容之間的並列與從屬關係。

③例題：在書邊說明各主要步驟的依據，在題後空白處用符號或幾個字，寫出本例特點，體現編者選例意圖。

④變式：對優秀學生要求縱深一步，對例題條件、結論變化，多加注意，由特殊向一般推理，將有關知識進行橫向聯繫，縱向發展。

讀讀、畫畫、寫寫結合，還有利於維護良好的精神狀態，保持充沛的學習精力。

做預習筆記最重要的是把自己的疑問、難點記下來，以便在

課堂上認真聽老師講解，或者向老師提問。

名師點評：在預習的過程中，遇有疑問，隨時記在筆記本上，這樣才能掌握自己的薄弱環節，有針對性地進行預習。不要讓疑問輕易地溜走，那種泛泛而看的預習，效果肯定不會很好。

學生收穫：預習是學習活動中一個首要和重要的環節，如果我們把預習做好了，那麼就能節省很多後面複習的時間，這是另一種高效率學習的技巧。

家長專欄：預習時，有疑問先自己嘗試解決，如果不能解決，再帶到課堂上聽老師講解。不要不經過自己的獨立思考，一有問題就去找老師，這種做法自己的收穫不會太大。

10 怎樣提高聽課品質

　　課堂上的四十五分鐘是非常重要的。只要能真正利用好課堂時間，高效率的學習和思考，就能理解和掌握所學的內容，回家再做習題鞏固一下，就不難把這門功課學好。那麼，如何聽好每一節課呢？

　　人們常說，心無二用。注意力高度集中，全神貫注，是聽好一節課的關鍵。但事實上，很多同學都會出現聽課出神的情況，也就是「開小差」。

　　要解決這個問題，首先要做到五到：眼到、耳到、手到、口到、心到。「眼到」是指聽課過程中，眼睛要跟著老師的手勢、黑板書寫、課堂示範等轉動，生動而深刻地領會老師所要表達的思想。「耳到」是指耳朵要專心聽好老師所講的話，聽老師如何讀課文、講課文，如何分析例題，如何歸納總結。另外，還要認

眞聽同學們的發言，這些發言也會對自己有一定啓發。「手到」即手寫，是指雙手要隨時準備紀錄和抄寫重要的課堂內容或自己在聽課過程中產生的感想或問題。「口到」即口說，複述老師講課的重點，背誦重要的概念、定律，大聲朗誦老師指定的段落，大膽提問，也隨時回答老師的提問。「心到」的意思是腦子要緊扣課本，啓動腦筋，積極思考。

耳到、眼到、口到、心到、手到，多種感覺器官並用，多種身體部位參與，自然加強了大腦不同部位參與上課的主動性，大腦處理資訊的能力也加強了。

此外，還可以在課桌的右上角貼一張寫有「專心聽講」的紙條，這樣就可以時時提醒你上課不要出神。如果周圍的同學在上課時找你講話或傳紙條等，可以置之不理，等下課後再友好勸說。

只要精力高度集中，課堂上學到的內容便會深深地印在你的

腦海中。

名師點評：上好每一堂課是同學們做好學習的基礎，只有課堂上認真聽講，才能發現自己的問題，也才能深入理解課本的內容。要做到專心聽講，只有靠自己的自制力來堅持。

學生收穫：上課出神的現象是經常的，並不是我們存心或願意這樣做，有時是不由自主，不知道什麼時候腦中已經在想其他的事情了。所以課堂聽講，關鍵要使我們不再心不在焉，眼、耳、手、口都同時啟動。

家長專欄：有些學生人在教室，心卻早已飛出教室外面去了。為了讓孩子杜絕這種現象，只有加強意志力的培養，同時給孩子多種刺激，以引導孩子多方面協同大腦記憶。

11 課後即時複習效率最高

複習是對已學過知識的溫習、鞏固和延伸，複習不是簡單的機械重複，而是一個系統提高的過程。複習的任務，包括查缺補漏、鞏固吸收、系統歸納和濃縮記憶。

一提到複習，許多學生會馬上想到總複習，因此把應付考試做為複習的主要目的，這實際上是對複習的片面理解。複習的形式是很多的，如課堂複習、課後複習、單元複習、期末複習等。

課後複習以消除遺忘、強化記憶為目標，不管老師是否有規定作業，都應當對照課堂筆記與教材進行比較性複習，然後再做作業。

課後複習可以在上完一堂課或看完一段書後，用幾分鐘時間，根據老師講授的內容或這段書的中心思想，即時抓住重點，加強理解和消化。或者在臨睡前複習，在晚上睡覺前，把一天所

學的內容默想一遍，有人稱之為「過電影」。這種方法簡便易行，有助於記憶。

在我們的學習生活中，最寶貴的時間是課後複習，因為防止遺忘的最有效辦法就是即時複習。心理學的研究顯示，記憶是有規律可循的，學過的知識如果不加以複習就會忘記，過一天會忘記一半以上，經過兩天就會忘記2／3左右，以後遺忘的數量會逐漸減少。因此，學習後若不即時複習，就會大大增加複習的困難，降低學習的效率。

做好課後複習應把握以下要點：

（1）**複習要有計畫**。在制訂複習計畫時要注意：

①計畫要全面。要兼顧到所學習的各個學科，對於薄弱的學科，在複習時間上要給以更多的保證。

②在制訂單科複習計畫時，要根據教材的知識量、自己過去掌握的知識量，統籌分配自己擁有的複習時間。

③制訂複習日程表。這是複習計畫的具體體現。日程表要列出每週的每一天的每一個不同時段要複習的主要內容及方式。

（2）**要重視對基礎知識的複習**。基礎知識在哪裡？在課本裡。課本是學生學習和複習的基本依據。因此，複習首先要從抓好課本複習入手，不要陷在題海裡，而忘記了基礎學習。

（3）**適當做些複習筆記**。複習筆記與課堂筆記不一樣。課堂筆記主要在於記，而複習筆記主要在於對複習進行總結和整理，把複習成果以簡練、形象的形式紀錄下來。

名師點評：重視課後複習，有助於同學們打好基礎，強化記憶，鞏固已學過的知識。所以課後複習是學習的助推器，它能使同學們在已學過的知識基礎上，更邁進新的一步。

學生收穫：課後複習與課前預習不同，它強調的重點是消化、吸收，所以課後要進一步鑽研那些對自己來說比較難懂的地方，爭取真正瞭解它，同時要讓知識在頭腦中形成系統。

家長專欄：課後複習要重視基礎知識的複習。所以不要忙著做作業，而要先把課本仔細研究過了，再用作業鞏固成果。記下的複習筆記可與課堂筆記相互對照，發現已經改進的地方就跳過去，還有待加強的地方則要在今後多加努力等等。

12 「四化」複習法

在複習中，怎樣才能既進一步理解知識，活用知識，又能從新的角度融會貫通，而不是簡單地重讀一次？這裡介紹一種「四化」複習法：

（1）消化

這是知識有效儲存的基礎和前提，不消化的知識是進不了「資訊庫」編碼儲存的。要消化，就要從自己的實際出發，做到有所不為，才能有所為。如果急躁、貪多，什麼都想學，想一步登天，結果只會是徒勞無功，複習跟沒複習區別不大。要治療「消化不良」，就不能貪多求快，要從一點一滴做起，穩紮穩打，打好基礎，寧可少些，也要好些。

（2）簡化

這是複習中比較關鍵的一環。簡化的關鍵是將知識濃縮概

括，將繁雜的知識簡單化，零亂的知識條理化，相互之間邏輯化。經過加工整理，就可以用簡單明瞭的公式、符號和圖表等多種形式，將知識納入有機的體系之中。

（3）序化

這是從佔有知識到牢固儲存知識過程中的重要一步。「序化」的過程，也是對知識進行「集裝」的過程。如同輪船裝貨，同樣多的貨物，用「集裝箱」裝比起散裝來，所佔體積要小得多，裝卸效率要高得多。有條不紊地將輸入腦中的信號分別裝入大腦的各個有關功能區，進行編碼和儲存，這樣，各種知識都可以有規律地進入儲存系統之中。

（4）系統化

這裡所謂的系統化，就是指經過查漏補缺，能全面系統地掌握知識。這跟前面說的「簡化」、「序化」有相同的地方。但這裡重點是透過補充自己的不足，來達到知識系統的建立，可謂異

曲同工。

名師點評：「四化」複習法是前面幾種方法的綜合，它可以讓同學們在高層次上認清自己所處的位置。如果同學們對自己的定位並不清楚的話，怎麼能進一步做好學習呢？

學生收穫：「四化」複習法能讓我們高屋建瓴地統籌各種問題，使我們有方向、有目標地整合各個學科的知識點，真正做到融會貫通，觸類旁通，而不是將各種零星的知識混亂地塞在頭腦中不加整理。

家長專欄：複習本身就是一個對知識進行加工整理的過程，在此基礎上再進一步綜合，對孩子來說，更加有難度。因此要讓孩子從一點一滴做起，踏實地前進，不要貪多求快。

怎樣活用教材

    在學習中，同學們常常忽略的一點是：我們所用的任何一種正規課本都是經過資深專家們深思熟慮、千錘百鍊而出版的，這些課本依據國家的教育大綱，遵循中學基礎教育循序漸進的原則，嚴格按照各科基礎知識來謀篇佈局，具有很強的針對性和邏輯性。課本中的課文、公式、定律、例題、解題思路乃至每一章節的文字表述等等，都是經過仔細推敲，並已被無數的教學實踐證明是不可懷疑的，學生們的基礎知識基本輪廓和框架，也正是透過老師的因材施教，才在課堂內外逐漸地建立起來的。

    因此，同學們在做習題或者看參考書時，一定要與教科書相互對照，努力想明白其中隱含的原理。這一方面可以加深我們對書本知識的內在相互關係的理解，另一方面也可以增強應用能力。如果做錯了題目，通常都可歸因於我們對教科書掌握得不

夠。事實上沒有不能用教科書解決的習題。

同學們千萬不要認為書上說得太簡單，參考書上的習題才叫難，才有意思。書上的一些「簡單」原理是一些傑出人物經過艱苦努力才發現的，絕不是我們想像得那麼簡單。因為他們水準高，所以能夠把不簡單的東西說得那麼簡單。

忽視教科書重視參考書、習作是一些學生的毛病，要高效率學習，就應該克服這種毛病。

事實上我們為什麼要做題目？這是因為我們對教材的理解力還不夠，不透過適當的練習就沒辦法很好地理解、掌握教科書上的知識，而參考書的作用也僅在於此。

人們常說各種考試的考題「萬變不離其宗」，這個「宗」就是「大綱」，就是根據「大綱」編出來的教科書。「大綱」較有原則，課本較具體，所以我們一定不能離開課本。

什麼是「課本」？課本是老師上課的「本」，是編寫參考書的「本」，是編習題的「本」，是學生學習的「本」，是命題者

出題的「本」！所以千萬不能捨本逐末！

什麼是「參考書」？參考書就是供我們學習時參考的書。參考書絕不能代替課本，通常也達不到可以代替課本的水準。要知道，課本是很多高手編出來的，一改再改，是全國學生讀的書，是水準很高的書。

對很多教育水準不夠高的學校的學生而言，課本的意義還不僅於此。明星學校和一般學校的學生之間的競爭是不平等的，但課本是統一的，把它讀精讀透對一般學校的學生來說更是重要。

當然，擁有適當的參考書是必要的，但不宜過多。實際上，很多參考書都是大同小異，「萬變不離其宗」。

因此，我們在複習時必須把反覆溫習課本放在第一位，絕不能拋開課本走其他的快捷方式。一句話，以課本為主，查漏補缺。

名師點評：課本的重要性同學們可能很容易忽略，但是，

對同學們來說，這是最不能忽略的一點，因為，失去了「本」，同學們也就失去了賴以繼續學習的基礎。

學生收穫：勤讀課本，勤翻課本，勤研究課本，把課本真正搞懂。只有這樣，我們才能以不變應萬變，靈活應對各種可能發生的變化。參考書只能起輔助作用，不能把它當成學習的首選。

家長專欄：擁有適當的參考書是必要的，但不是主要的。參考書的作用可以在與課本的相互對照中得到強化，做參考書上的習題時，更要運用課本上的定律、公式等。

14 如果在學習中巧用音樂

　　有的同學喜歡邊聽音樂邊學習，他們說，音樂有助於消除學習時的單調以及厭倦感，還可以充當抵銷周圍雜音的功臣。這沒錯。但需要注意的是，「一心二用」往往很容易分散注意力。那麼，「邊聽音樂邊學習」到底好不好呢？這要具體情況具體分析。

　　首先，這是因人而異的。並不是所有的人都能一邊聽著音樂一邊專心學習。哪些人不適合「邊聽音樂邊學習」呢？那些不習慣這樣做的人肯定不適合，如果偏要學著「一心多用」，那肯定會影響學習。還有，那些本來就不太安心讀書、坐不住的人也不適合，耳邊的音樂會更加容易讓他們的精力分散。

　　其次，音樂的種類也會影響「邊聽音樂邊學習」的效果。如果你喜歡在學習時播放一點背景音樂，那麼，最好選擇輕快優美

的音樂。搖滾樂過於嘈雜，而流行音樂又容易讓人聯想到歌詞、不由自主地跟著哼唱，這些都容易攪亂心思、妨礙思路、影響思考。

最後，「邊聽音樂邊學習」的學習方式還要根據科目來確定。有的科目，比如數學等，需要積極啓動腦筋、用心思考，不能分心，在學習時還是不聽音樂爲妙。

名師點評：音樂能緩解人的疲勞感，使人精神振奮，因此

很多同學習慣在學習時放音樂來調節神經。但是，並不是所有人都適合這樣做，那些習慣一心一用的人就不能讓音樂打擾思路。

學生收穫：音樂做為消遣的方式是很好的。如果用音樂做學習時的背景，就要考慮我們的學習習慣是否接受。有時主觀上的想法在實際學習中並不見成效，所以就不要強求一邊享受音樂、一邊學習的做法。

家長專欄：邊聽音樂邊學習是因人而異的。有的學生需要一點刺激，才能激發起學習興趣，所以背景音樂不會影響他思考。而有的學生就非常容易受音樂的干擾，使其學習效率下降。所以運用這一方式時，要充分考慮到自己的實際情況。

15 筆記是提高學習效率和複習效率的法寶

（1）不要在課堂上做抄寫機器人

做課堂筆記是課堂學習的好方法，它可以幫助學生全面系統地掌握知識，為課後的複習鞏固打好基礎，記課堂筆記還可以幫助學生上課能集中注意力，聚精會神地聽好課。

但是許多中學生不會做課堂筆記，往往將老師講的，黑板上寫的、畫的，一股腦兒地記下來。這樣細心做筆記，在課後複習的時候，不是要花上跟聽課一樣的時間整理嗎？這樣不是太沒有效率了嗎？而且把課堂筆記變成了課堂紀錄，結果上課時手忙腳亂，沒有時間思考和消化，結果下了課仍然對課本知識一知半解。

像這種一字不漏地把老師講的全部紀錄下來的人就跟會議的

速記員一般無二，等於爲做筆記而寫筆記，實在是一點意義也沒有。做筆記並不是要越詳細越好，而是用心聽課，把瞭解透徹的內容，以自己的語句重新寫出來，那才有價值。

因此，要做好課堂筆記，提高聽課水準和效率，還需要掌握一定的方法才行。

①記提綱。一般來說，老師的課堂重點就是課堂學習內容的綱目。它基本上能反映授課內容的知識結構和要點。它有助於學生理解、掌握、複習新課內容和知識體系，所以，同學們不妨將它記在筆記上。

②記補充。老師在講課時，除了講解教材中的內容外，常常還會做些適當的補充，這些補充的內容對於幫助同學們更好地理解教材內容，啓迪思路，開闊視野，都是十分有用的。所以，同學們更要記在筆記本上。

③記疑點。疑點是指對老師所講的內容有疑問的地方。有的

疑點源於老師的疏忽，有的則可能來自自己的理解錯誤或遺漏。同學們也應該把這些記下來，課後再求教老師，或透過自己的思考來解除這些疑惑。

④記問題。一是學習該內容時容易出現的問題，記下來提醒自己；二是課堂上沒有弄懂的問題，便於課後弄懂它。

⑤記方法。老師在講解例題時，常常會講解解題的技巧、思路和方法。這些對於開發學生的智力、培養能力是十分有益的。同學們應將這些方法紀錄在冊，並根據所紀錄下的方法進行理解、複習。

⑥記心得。聽課時，有時你會在老師的啟發和指導下，忽然悟出平日百思不得其解的道理，或是對老師講解的內容有新的想法和心得，同學們也不妨將這些思想的火花紀錄下來，以便於課後複習、理解、整理甚至進行新的創造。

名師點評：做一個抄寫的機器人實在是一種很笨的學習方

法，效率很低，收穫也不大。課堂筆記重在重點、疑點、難點，只要把這些記下來，對你來説這堂課的聽講差不多就成功了。

學生收穫：課堂筆記要記的內容很多，我們要學會挑重點。那些並非要點的東西若花時間去記，不但浪費了時間，也耽誤了重點內容的理解和紀錄，這是雙重的損失。

家長專欄：做好課堂筆記，還能讓孩子養成勤於思考、善於辨別的能力。孩子在課堂上專心聽講，應該也得力於做課堂筆記使其注意力集中的功勞。

（2）正確使用筆記本

一份完整的課堂筆記，不可能僅在課堂中完成，還有賴於課後的整理。

課堂筆記是愈快整理愈好，最好課後能立即整理。由於記憶猶新，有疑問的地方可立即查資料或與同學討論，以獲得澄清，一些縮寫符號或過於潦草的字尚能即時辨認，若有缺漏不明之

處，下次上課時還可向老師請教。即使當天不能整理筆記，最久也不要拖過一個星期，時間拖得愈久，可能整理就愈困難了。

整理筆記不是抄筆記：許多人整理筆記只是把草稿再謄寫一遍，這是極浪費時間的。要增加讀書的效率，千萬不要把時間花在無謂的抄寫工夫上，整理筆記是要用腦筋的，其目的在於整合、理解、記憶。具體步驟如下：

①請先將筆記閱讀一遍，遇有明顯的錯字、漏字，立即補正，潦草不清之處，予以修整。

②同時閱讀老師指定的參考書、教材或講義，遇有筆記不清楚之處，即按參考資料予以補充，若課堂上一筆帶過，而參考資料又很多時，可在旁註明頁碼及出處，以便隨時參閱有關資料，獲得完整概念。

③閱讀筆記及資料時，請按抓重點的方法畫記，並將資料重新組織，整理出課堂的講授大綱。

④請將大綱內容各個不同層次的標題寫在筆記上的相關位置，層次可以用字體大小或顏色略做區分。

⑤若筆記的某部分特別模糊不清，或其次序需重新調整時，可將該部分重新整理後抽換。

⑥果斷捨棄那些無關緊要的筆記內容，使筆記看起來簡潔明瞭，一目了然。

費了工夫整理過的筆記，你會發覺它已經成了你思維的一部分，知識經過了消化、吸收，你將會長期擁有它。考試之前，你不但可節省一筆影印費用，而且由於那是你自己的東西，只要稍加複習，即可應付自如，比起那些背別人筆記的同學，你的收穫將不只是分數而已。

筆記本留下空白處，是爲了日後做補充或加註解及提示用。

有些人捨不得浪費紙張，將筆記本寫得密密麻麻，一點空餘都不留。這種習慣並不值得提倡。他們並沒有弄清楚留空白的

意義。筆記本的功能是抄錄學習重點，以供複習之用。有時候，一個問題在做筆記時並不能完全弄懂，而要等到完全弄懂再做紀錄又不可能，只有先記下，日後有了新的理解或啓示，再進行補充紀錄，或註明：參見××書，第××頁。如果筆記本上不留空白，這補充紀錄和註解提示又記在哪兒呢？記在別處，又怎能方便複習之用？每翻一段筆記，就要往後找找看有沒有補充紀錄，這樣會感到方便嗎？

筆記本留空白的幾種方法：

爲了事後整理的方便，在寫筆記的時候最好大方一些。如果你用的是橫行活頁紙，可先在左側預留三至六公分的空白，畫條紅線，以便日後加注標題及重點。

記筆記的時候，若能寫一行，空一行，則可隨時修正錯誤，增補資料。

或者紙張只用正面，背面暫時空白，以便整理時統整、補充

或製表。一個章節結束，另紙書寫，方可隨時插入新的資料而不影響裝訂。

使用二分法——把筆記本分成雙數頁、單數頁，或者是上段、下段，或是左、右兩邊。如此分割成兩種區域，一邊專記自己調查過的資料、注意事項、剪貼、標準解答、其他解答等等；另一邊則專記老師講課的內容、練習問題等等。

名師點評：筆記本的功用就是為了方便快捷地提供資料，因此不要怕浪費，大方一點，這樣以後在複習時，才可以有地方寫學習心得、新的發現、新的問題等等。

學生收穫：筆記是記給自己看的，所以只要自己覺得有必要，就可以做。你覺得哪種方法適合你，你可以照此實行。筆記本的空白可以隨自己的喜好和習慣而定，不必過多講究美觀和漂亮。

家長專欄：家長不要對孩子比較特殊的做法不問青紅皂

白，就橫加指責。孩子這麼做，一定有他的原因。家長們常常犯的一個毛病就是把孩子當成什麼也不會、不懂的孩童，而事實上，孩子的聰明是會讓家長大吃一驚的。

（3）中心紀錄法──抓住中心記筆記

記筆記，最重要的一點就是要記下講課內容的中心。抓不住中心，即使記得再多，也無助於對知識的理解。我們這裡所說的中心，就是指老師講課的基本思想或中心思想。

中心的表現形式有幾種：

①教師講課時，開頭就要點明學什麼或講什麼，重點內容要強調，要概括、總結。

②從資料本身看，通常要注意表示中心的形式，如開頭、結尾，或重點段、句。

③要善於概括中心。對學習內容在分析、理解的基礎上，抓住主要東西用自己的語言加以概括。

在學習中，熟練地運用中心法記筆記，關鍵要做到兩點：一是理解。理解是人們認識事物或事理的關聯、特點、本質和規律的一種思維活動。對學習來說，就是對學習內容及表現形式的真正認識和掌握。不理解，就把握不了中心，就抓不住關鍵。二是充分發揮眼、耳、腦的作用。眼要集中看、耳要注意聽，頭腦要琢磨和思考，在琢磨和思考中，把感覺到的東西上升為理解，認清事物或事理。

名師點評：紀錄老師授課內容的中心點，這是最重要的一點。如果同學們連上課的中心點都很模糊的話，那就很危險了。學會將老師繁雜的講課內容濃縮成簡要的幾點。

學生收穫：紀錄老師講課的中心內容，不但有助於我們進行歸納總結，而且還能提高我們的分析能力，因為我們還要將這幾個中心內容補充完整，讓它更完善。

家長專欄：做事情三心二意，是最要不得的。第一步先抓

住重點，重點抓住了，其他的細小部分就容易解決了。而且在抓重點的過程中，能順便理清思路，找到進行下一步的根據。

（4）符號紀錄法——簡捷符號幫助記筆記

隨著學習的進展，所要記憶或掌握的信息量越來越大。但我們能夠一次處理與記憶的信息量是有限的，雖然信息量與接受量的輸入隨著年齡的增長而發展。但如果能夠運用一些簡明、扼要、易記的符號來代替某種資訊，就能加快紀錄速度而擴大記憶或筆錄的信息量。現在比較系統科學的速記符號種類越來越多。在記筆記時充分利用速記符號也可以緩解書寫造成的壓力，為更充分地思考創造條件。

符號法所運用的符號既可以是現成系統符號的運用，也可以自己不斷總結設計。後者轉換性更方便、實用而節省時間。但原則是要科學、簡便、易記。常用的有以下幾種：

1.字碼或數字，來代表要記憶的資訊。

2.用字母或拼音來代替要紀錄的內容。

3.用一個詞或短語代替要記憶的知識。

4.可以用一些特殊符號來做為紀錄或記憶工具。

採用上述符號法，要注意不可複雜，所用符號要能再恢復原來被紀錄的內容。

運用符號法，並不排斥機械紀錄，在必須一字一句地準確再現條文原理、定律、公式等資料時，還是如實記憶或紀錄為好。學習方法是為學習目的、內容實施的，要從實際出發考慮方法的運用。

下面是一些常用符號，供你參考：

e.g.──例如

cf──比較（注意：僅在此處是這個意思）

n.b.──這一點是重要的

∵──因為

∴──所以

É──意指從這裡引伸出……

＞──大於

＜──小於

＝──等於；與……相同

≠──不等於；與……不相同

名師點評：利用符號進行紀錄，可以節省紀錄時間，提高課堂學習效率，而且能大幅度增加紀錄量。同學們可以嘗試看看，自己創造一些簡捷的符號。

學生收穫：符號紀錄法是一種旨在提高課堂筆記的紀錄速度的方法，目的在於節省紀錄時間。因此那些能提高速度的紀錄符號、紀錄格式都可以應用，只要自己能看懂、能理解就可以了。

家長專欄：做紀錄的符號應該是一些比較簡單易記的符

號，所以，不能把那些本來就很複雜難記的東西做為紀錄符號，或者是一些稀奇古怪，過一段時間自己都不容易記起來的東西。

（5）卡片紀錄法──隨身攜帶的活頁筆記

卡片法，就是把要紀錄的資料抄在卡片上，這種「卡片」也就是「活頁」的筆記。它便於累積知識，隨時取出學習、鞏固。這種方法有以下幾個優點：

①便於隨身攜帶，拿取方便，也便於保存。

②便於分類，擴充累積，使同一類知識的概念、公式、法則、見解和理論等形成系統。同時，卡片記載的資料也便於比較、排列。

③便於自己批註。運用卡片也是一種樂趣。

隨著卡片的增多，紀錄的東西越來越多，對某些知識的認識也隨之深刻和廣博。所以說，運用卡片是記筆記的好方法。

一般來講，卡片有三種類型：一種是摘錄卡片，記下應記憶

的有價值的資料；第二種是索引卡片，記下手頭常備的一些參考書的資料；三是心得卡片，記聽課的體會、認識。卡片的形式是多種多樣的，要靈活運用。但不管哪一種形式的卡片，都要在每張卡片的適當位置上，標明資料的性質、出處類別等，以便查閱出處之用，也便於歸類、累積和整理。

在使用卡片時，有心人加了一道手續，為卡片做紀錄，就是每使用過一次，都在卡片上畫一條線，或者寫「正」字，表示這張卡片已經應用過一次了。等到畫完五次，完成一個「正」字，就可以將這張卡片丟掉了。因為此時，你已經能夠將卡片上的內容完全印在腦中，這卡片就再也用不著了。

名師點評：卡片紀錄法是一種比較古老的學習方法，但是這個方法卻並不過時，因為它是經過實踐檢驗非常有效的方法。同學們不要輕視它，只要能善加利用，一樣可以發揮大作用。

學生收穫：做卡片的過程，也是一個篩選資料、整理資料

的過程。給卡片做不同的排列，就可以順便使自己的知識有機地聯繫在一起，擴大自己的記憶網路。

家長專欄：為了隨時複習卡片，應用卡片，可以將卡片釘在自己書房的各個牆壁、桌子、窗簾、檯燈等所有可以黏貼和看到的地方，過一段時間背誦、溫習得差不多了，再更換一遍。

（6）梗概紀錄法──歸納總結，加深理解

這種方法是學習過程中記筆記常用的方法。所謂梗概法，就是對講課內容或學習的資料根據自己的理解程度，運用自己的語言，把原資料的基本內容、主要觀點、總體結論，精練而明確地歸納並表達出來。例如，有的學生在學了茅盾的《風景談》一文時用自己的話，把文中描繪的六幅畫面高度概括，擬寫出便於筆記的提綱，即①沙漠駝景，②高原夜景，③河邊樂景，④壁洞奇景，⑤桃園小景，⑥北國晨景。

運用這種方法記筆記時要注意幾點：

①對原文的觀點不能隨意發揮，也不能按照自己的主觀想法去概括，必須對學習的資料深刻理解，掌握其重點，在此基礎上加以歸納。歸納的內容既要符合原文，又要簡略，突出中心。

②要善於選擇，過於簡易使內容殘缺，始末不明；過於詳細則旁逸斜出，不得要領。

③運用自己的話來概括應紀錄的問題，語言力求簡練、準確。不準確，就失去意義，繁雜易把人搞糊塗。如果運用小標題，更需要用高度概括的文字。這就要反覆地思索原文，加深理解。

④概括的內容要有條理，原文中的重要和精粹的地方要突出。

這種筆記不太容易做，初學時，可以採用縮寫的方法，可選用原文中的概念或原文的文字，以後逐漸學會將講課內容加以概括。

名師點評：梗概紀錄法就是把要做的筆記內容歸納出來，然後記在筆記本上。這種筆記雖然難做，但如果能堅持下去，同學們的收穫應該是很大的。

學生收穫：這是一種訓練自己綜合概括能力的學習方法。只要善加應用，對我們的學習是很有幫助的。它能促使我們深入思考老師上課所講的內容，不斷發現規律性的東西。

家長專欄：這種方法還能訓練孩子的語言表達能力，使他們不至於無法表達出自己內心的想法。同時，在選擇與放棄的過程中，孩子也能領悟到許多東西。

（7）巧用課本──課本也能做筆記

有的同學不習慣在筆記本上做筆記，但是老師講課中涉及的有些東西又非記不可，那怎麼辦呢？這兒教你一個辦法：在課本上做筆記。

在課本上做筆記主要應掌握兩個重要方法：符號和批語。

根據老師的課堂講解，同學們可以對書本中的重點內容，比如課文中的字、詞、句、註釋、文字常識等下面標上圓點、曲線、直線、虛線、雙線、波浪線、加框等，或者用圓圈、箭頭、紅線、藍線、三角、驚嘆號、疑問號等其他各種符號做為標記，便於找出重點，加深印象，或提出質疑。哪種符號代表什麼意思，由自己掌握。對於較長的段落，可用阿拉伯數字標出層次，使其眉目清楚，條理系統，便於複習和記憶。

　　此外，在書頁的上下端空白處，或者字裡行間，還可以以批語的形式加註自己的學習心得，也可以把老師講課的要點、重點、難點以及自己對某些問題的疑點、評點隨時記在書頁的空白處。

　　在課本上做筆記要遵循以下四個準則：

　　①使用的符號前後要具有一致性。在做記號的時候，可以重點運用自己熟悉的一、兩個方法，但是前後要保持一致，這樣在

複習時你才能記得它們分別指的是什麼，不至於混淆。

②要善於選擇，簡潔明瞭。不要一下子在很多語句下畫線，應選擇在一些雖簡短但是有關鍵意義的語詞下畫線，頁邊空白處的筆記要簡短扼要。它們會在你的記憶裡留下更為深刻的印象，在你背誦和複習的時候用起來更為得心應手。

③相互參照，前後聯繫。例如，你發現第65頁上的觀點與前面第39頁上的觀點有著直接的關聯，你就可以畫一個方向朝上的箭頭，旁邊寫上「P39」。然後翻到第39頁同觀點旁邊，畫一個方向朝下的箭頭，標上「P65」。用這種方式，兩個知識點就能在你的大腦裡緊密地聯繫在一起。

④筆記引路，深入思考。在課本上做筆記，畫線、畫框，插入一系列符號，能夠有效地幫助學習和複習，但有時也容易造成好像已經細讀過其內容的假象。同學們在運用課本筆記法的過程中，一定要時時提醒自己進行真正的回憶、思考和複習。

總之，課本筆記法簡單方便，有助於集中注意力聽課，而且，由於筆記就記在書上，對以後的複習、鞏固有著很好的提示和引導作用，同時也有利於深入瞭解教材。但是，由於課本上可利用的空間有限，筆記難以做得十分詳細，也不便於課後整理。而且，在書上做記號的「你」並不等於複習時候的「你」。隨著「知識」的增長，你在十月分或十一月分覺得似乎重要而畫上線，畫上框號、圈號、星號、問號以及評價過的、反對過的內容到了一月分或六月分會被認為是很平常的了。這樣，原先所做的記號反而會妨礙你複習。所以，要利用做記號能給你的益處，而不要做得過分。因此，最好是與筆記本筆記法結合使用，進而取得最佳學習效果。

　　名師點評：最好將課本筆記法做為筆記本筆記法的補充，因為課本筆記法的缺點是比較明顯的，兩種方法結合使用，就能發揮最好的效果。

學生收穫：把筆記做在課本上，需要我們有很好的分辨能力，因為課本不能在課後進行整理，所以要眼光準確。這種方法能訓練我們迅速判斷資料的輕重、難易的能力，使我們更容易深入瞭解。

　　家長專欄：課本筆記法多少帶點偷懶的性質，當然，如果做得好，也能發揮很大的作用。它需要學生基礎紮實、頭腦靈活，有很強的應變能力。因此，那些基礎較差的學生，還是不宜實行這一方法。

第五章 學習也娛樂

課外書並不「外」，它與我們息息相關，緊密相連，我
們青少年現在正處在記憶力的高峰期，也是一生中最難
得的時期，如不能多看點課外書，豐富自己的知識，開
拓自己的視野，那麼就是在浪費自己的青春。

01 從電影中汲取知識的精華

　　一本書，主要是作者一個人的智慧，而一部電影卻是上百人的智慧，從編劇、製片、導演、演員、音樂、動作、剪接、場景、對白……少說也動員了成千上百人的力量才完成。由於電影是一種綜合藝術，集合了很多人的智慧，所以我們在觀看電影的時候，必然會在各方面受到啓發和教育。我們可以利用電影的優勢，在娛樂中進行學習。比如學習英文。

　　語言是文化的載體，想學好一種語言，瞭解一些當地的文化背景是很必要的。而電影是一個社會中文化的最好反映。每一時期的電影都反映了當時的社會狀態、人的思想狀況以及文化氛圍。電影以視覺、聽覺的感官刺激和精彩的故事情節把社會文化生動地傳遞給觀眾。所以透過電影來瞭解文化背景、累積知識實在是一種寓教於樂的學習方法。

看電影學英文的重點不在於片子的新舊，也無關你是否曾經看過，而是要根據個人的英文程度或特定的學習目標來選擇適合的影片。比如說，你想學現代的日常生活用語，當然就不要挑古裝片，可以找幾部好萊塢的浪漫喜劇片，這些片中不僅有俊男美女，而且題材輕鬆有趣，每每受到觀眾喜愛，它的時空背景又多設定於現代，劇中人物的生活不至於與現實脫節太大，觀眾很容易就能產生共鳴。另外，有些對白場景與日常生活情境相關，值得同學們留意，比方說上餐館點菜或與人辯論等等；甚至，透過劇情還能瞭解英美等國的風土文化，比如說婚禮或節慶的習俗等等。

「工欲善其事，必先利其器。」請先準備一本筆記本，以便記下你在影片中發現的關鍵字彙或劇中人的名言妙語，長久下來，這本筆記本就成了你個人整理的電影名句資料庫。

在學習以前，先大致瞭解故事的來龍去脈，再進行後續的重

點學習。即使因為沒有中文字幕，無法百分之百看懂也無所謂，聽懂多少，就算多少。邊看邊隨手寫下你「抓得住」的關鍵字。你還可以順便培養做摘要的能力，跟自己玩玩「Watch and Tell」的遊戲，試著用英文概述情節大綱，或者針對電影探討的主題，用自己的話表達個人的看法，訓練口說能力。

利用電影學英文其實工程浩大，無法一蹴可幾。這種自我學習是重質不重量，只要功夫下得紮實，就算你每次只花十五分鐘或半小時來學習一小片段，也綽綽有餘了。

名師點評：看電影學知識，首要的前提是不能只顧著看故事情節，而忽略注意一些具有文化內容的細節。這樣就不能使同學們發揮電影的文化集粹功能，進而學到知識。

學生收穫：我們可以從外國電影中學習他們的歷史、地理、文化知識；可以從本國的歷史劇中學習歷史知識；可以從推理劇中學習邏輯思辨能力；從名著改編成的藝術品味較高的電影

中學習語言的運用等等。

家長專欄：電影是個萬花筒，裡面什麼東西都可能有，所以家長要注意孩子看電影的類別，以免孩子受一些電影的影響而沾染上壞毛病，不再認真學習。

02 把電視當成學習的工具

　　大部分同學是很喜歡看電視的，如何讓電視給同學們帶來益處，真正發揮電視這個媒體的作用，是需要同學們在實踐中慢慢摸索，根據自己的愛好和學習目的來選擇電視節目。

　　比如可以選擇一些能給我們的學習與生活帶來幫助和促進作用的電視節目：像知識性的娛樂節目、文藝類節目、談話、採訪類節目等。

　　一些拍得比較好的電視劇富有知識性、趣味性，有教育意義，也可以選擇觀看。比如前段時間播放的《鐵齒銅牙紀曉嵐》。這部電視劇講述的是清朝一代才子紀曉嵐的故事。這部電視劇對同學們學習語言，瞭解歷史，瞭解中國的民族文化有一定的幫助。看完了還可以與同學們評論一下劇中人物的個性、心理，談談自己對劇情、人物的看法。如果平時寫週記，同學們也

可以就此對這部電視劇的優缺點進行總結，或者記下自己感興趣的一些知識，以及用得較好的語句等等。

還有一些人文類、自然類、科技類節目更是我們應該多多選擇的。

看電視，聊電視，寫評論、週記，不僅能大大提高同學們的課外閱讀量，同時，還能讓同學們學會看電視。同學們要知道看電視也應「有所看，有所不看」，要選擇對自己有益的電視節目看，這不僅能提高同學們的自制能力、欣賞能力，也真正發揮了現代媒體對學生的促進作用。

當然，看電視應該有時間的限定，不能太長，不然會影響視力，也影響學習。不能因為看電視而忘記了學習，也不能以看電視為由而不做作業。

名師點評：從電視中學知識，比較輕鬆有趣，不會產生厭倦感。所以同學們要利用好這個學習的有效工具，讓它發揮出巨

大的作用。同學們在看電視的過程中，一定要騰出時間來進行記憶、思考，否則就容易被電視節目牽著鼻子走，很難獲得較大的收益。

學生收穫：我們可以利用從看某一類電視節目中培養的興趣，進行繼續的、有針對性的學習和研究，比如搜索相關資料、製作標本等。這種學習能極大地調動我們學習的積極性，使我們能主動獲取知識。

家長專欄：電視節目太多了，家長不要讓孩子任意選台，而是有意識地把電視做為第二課堂，根據孩子的興趣與愛好、年齡特徵，幫孩子挑選節目，使其透過看電視能夠有所得。家長在看電視節目時，也要有所收斂，給孩子做個好榜樣。

03 透過網路瞭解更多知識

在科學技術飛速發展的今天，網際網路遍及了世界的各個角落，它方便、快捷、不受時空限制。網際網路的功能很多，比如資訊能即時更新；較長時間的儲存功能；交互性也是網路的一大特點。如果說你有個問題，電腦事先可以安排好給你即時解答，你還可以和遠方沒有見過面的老師進行交互對談。

網際網路上資訊資源豐富，知識面廣，但是分佈相當廣泛，很多同學在剛開始進行網上學習時，經常漫無目的地不停瀏覽，不知道學什麼。有的學生整天掛在網上，但沒有學習效果。在學校，通常有老師安排教學進度，學生可與老師面對面交流，學生需要定時交作業，由老師進行定期的考核。但是，在網上進行遠端學習的時候，強調的是學生的自學性。學生自己要在豐富的教學內容之中進行有選擇的學習，而且要自己制訂學習計畫和進

度，自己發現問題、分析問題、解決問題。這就對學生的綜合能力提出了更高的要求。

那麼，同學們如何才能利用網路進行有效的學習呢？首先，一定要注意運用科學的學習方法，如果僅僅是粗略地瀏覽，效率可能不高，對提高學業成績幫助也不大，因此我們提倡一種科學的網上學習方法。在進行網上學習前，一定要制訂好學習計畫和目標，確保高效的上網學習，而不是整天掛在網上，也不是篇篇文章都要看的。

一般網路學堂都開設了相對的課程，包括自然課程，都有一系列的配套資源：第一是課程，包括有同步、輔導、講座；第二是題庫，包括同步、測試、教案庫、中考解析、課外拓展；第三是教學資源庫、課件；第四是網路論壇答疑、線上答疑等。同學們要根據自己的需要，選擇適合的資源切入點。

　　如果課堂涉及的是語音系統的講解（或錄影），則可以每星期花一段時間，到相對的網站下載輔導課程，而後學生可以經過以下六個步驟來進行學習：第一步，聽聽名師是如何講解的，每堂課涉及的知識點有哪些。第二步，看看名師是如何總結的。第三步，做做各校的習題，通常每節課後，都會有對應的習題，透過多做練習來加強、鞏固所學的內容。第四步，有問題就請教，隨時利用答疑平臺或者e-mail將自己的問題提出。 第五步，做好每個月的筆記總結。第六步，充分參與BBS的問題探討，因為這裡集中了許多與你同時學習的同學的學習經驗。他們的學習心

得，他們所遇到的問題，都有助於提高你的學習水準。

名師點評：利用網路進行學習，雖然非常方便快捷，但是它的缺點也不能忽視。如果有的學生自制能力較差，有了上網的機會，就把學習丟到一邊，沉溺遊戲中，這樣反而弄巧成拙。因此，一定要根據自己的狀況選擇合適的方法。

學生收穫：網路學習能滿足我們的好奇心，而且這種交互性學習便於我們互相交流經驗和學習心得。做練習也會跟做在作業本上有不一樣的感受，使我們的頭腦產生新鮮感。

家長專欄：家長要監督孩子利用網路進行學習的情況，如果孩子的自制能力較差，要即時加以引導，不能縱容孩子沉溺在網路上。

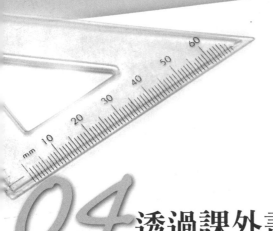

04 透過課外書拓展知識面

「書是人類進步的階梯」，我們能從書中學習到前人累積的經驗，增長自己的知識。唐朝著名詩人杜甫有一句詩為：「讀書破萬卷，下筆如有神。」

因此，我們應該從小養成愛讀書的好習慣，多讀課外書，愛讀課外書。所謂的課內書，論其內容的廣度、寬度甚至高度，遠遠不能與海量資訊的課外書相提並論。多看些書的人，自然見識廣博、幽默風趣而且對待事物也有自己的獨特見解，善於獨闢蹊徑。在寫作過程中，博覽眾書的與唯讀課內書的同學差距是很大的。小到措辭舉句、標點活用、行文構圖、事例枚舉分析，大到創新思維的體現、對問題的獨特看法、對文字的駕御能力……這些都是能拉開多讀課外書與少讀課外書同學之間距離的有力證

明，而證明的結論就是應該多讀課外書。課外書給你的比教科書給你的還要多，給你的還要有用。

但由於一些實際的問題，大部分同學的閱讀面都很窄，書的種類非常少。童話、故事、動畫書最多，還有少數作文類的書。像科普類、歷史類和地理類的書籍幾乎沒有。同學們正處在一個對自然界萬事萬物都很好奇的階段，他們需要各種對他們有益的課外書來滿足他們求知的心。

也有很多同學雖然看了不少課外書，但不知道怎樣從書中累積知識，不懂方法。所以，並沒有從中獲得多少益處。 一些同學說：「我讀過很多書，不過現在記不起來了。」問他們在讀書時可曾摘錄過對自己有用的知識嗎？平時有沒有用到書中提到的知識呢？他們搖頭，都說：「沒有，看過就忘了，怎麼記啊？」這裡就涉及到一個如何讀書的問題，同學們要多準備幾本筆記本，分類記下一些自己覺得有用的知識。遇到不明白的地方，就

到圖書館去查相關的資料，或者向老師提問，能自己解決的最好自己解決。

應該多吸收課外書籍中的精華，去其糟粕，以此來充實我們的學習、生活，乃至最終使我們的人生受益，看來，課外書並不「外」，它與我們息息相關，緊密相連，我們青少年現在正處在記憶力的高峰期，也是一生中最難得的時期，如不能多看點課外書，豐富自己的知識，開拓自己的視野，那麼就是在浪費自己的青春。

名師點評：書籍是人類智慧的海洋，如果同學們在青少年階段不能從中汲取大量的知識，只會浪費青春，而且很難有大的成就。同學們如果不想讓自己拘泥於課內有限的知識，就要勤讀課外書，拓寬知識面。

學生收穫：我們從課外書中獲得的東西是很多的，並不只是知識，還有關於人生、信念、理想、道德、為人處事等等方面

的經驗與教訓。博覽群書的人讓人敬佩，他們對事物深入的認

識，更值得我們學習。

家長專欄：孩子小的時候，就注意引導他們多讀各式各樣

的課外書，培養他們對大自然的熱愛和研究的興趣。不要讓孩子

的思維變得狹窄，更不要剝奪孩子求知的欲望。只要是有意義的

課外書，就不要拒絕孩子想看的要求。

05 透過博物館遨遊於知識的海洋

博物館所提供的知識內容非常豐富，從社會歷史到自然生態，從藝術到科學，從中華民族文化到異域民族風情，涉及到人類社會和自然界的各個層面。可以說，博物館是一部立體的「百科全書」。它對青少年是一個充滿新奇和引起幻想的天地，是一個獲取課外知識的公開課堂。博物館事業對促進學校教育，提高廣大學生的文史知識水準，進行文化啟蒙，發揮著越來越重要的作用。

到博物館參觀學習，是一件特別值得推廣的掌握知識的方法。它具有很多適合同學們進行趣味性學習的優點：

（1）直觀性

博物館陳列的展示品非常直觀、感性。任何一件文物的背後

都有著深厚的歷史蘊含，同學們往往在看到一件文物後會想「它是哪個朝代的？」、「它是做什麼的？」、「它是怎麼做出來的？」等等諸如此類的問題，這些問題的提出，代表他們正在思考，而只有有了問題才能找到解決問題的辦法，解決了問題就意味著增加了知識。

（2）靈活性

到博物館去自然而然地拉近了同學們與歷史的距離。具體、生動、形象的歷史人物、歷史事件可以引起同學們的思維和想像，進而化遠為近，化靜為動，很容易就能達到預期的學習目的。

（3）趣味性

同學們或許會因為學習方式單調而產生厭學、棄學的情緒，而到博物館學習可以讓同學們在輕鬆、優雅的環境中提高學習興趣，便於形成積極的學習態度，培養創新精神和實踐能力。

（4）知識性

博物館以其豐富的文化內涵和深厚的歷史積澱吸引著來自世界各地的人們，博物館裡不僅包括歷史，還包括地理、經濟、政治、文化、教育、科技等各種類型的知識，信息量十分廣泛。同學們在老師的帶領下來到這座知識的殿堂均會有所感觸。

博物館的功能使它能成爲學生們陶冶情操、學習知識的第二課堂，而我們就不能輕易忽視這個巨大的知識寶庫，要充分利用好這個課堂。在課餘或閒暇時，多到博物館去，爲自己充電。

名師點評：在博物館中學習知識，不僅生動、有趣，還能激發同學們活躍的想像力。這種立體的知識，特別容易為同學們的大腦吸收。到博物館去還能促使同學們主動尋找學習的機會，變被動為主動，對那些自己感興趣的方面進一步探索。

學生收穫：博物館陳列的展示品因為有具體的形象，所以很容易被我們記住，而且不會遺忘。由於這些知識不是從書本中

得到的，而是親眼所見、所聞，所以留存在記憶中的印象就不枯燥，還會帶有親身體驗的色彩。

家長專欄：閒暇時帶孩子勤跑博物館，不僅對孩子有益，家長也能吸收到博物館那濃郁的文化氣息，自然而然拉近了父母與孩子之間的距離，促進了家庭團結，而家庭氣氛和諧，也能激發孩子學習的熱情。

06 校外教學——
一路走來一路學

　　俗話說得好：「讀萬卷書，行萬里路」，而現今的學生們卻極少出去「行萬里路」，這裡面有複雜的原因，或者是資金狀況不允許，或者是學生要學的東西太多，沒有時間出去玩，或者家長對這方面的認知淡薄，更不放心孩子遠離家門。因此就苦了這些學生們，除了苦讀「萬卷書」之外，他們很少有機會去接觸外面的世界。但是這種情況很容易造成學生與社會脫節，使他們變成書蟲。

　　中國古代的墨家把知識來源分為三類，即「親知」、「聞知」和「說知」。「聞知」和「說知」就不用說了，「親知」即親身感受，它是一切知識的基礎。所以，「親知」是獲得知識的一條最重要的途徑，我們不能忽略這一途徑。而出去旅行，就是一種「親知」的方法。學校的校外教學，對學生身心健康成長等

方面非常有利。日本農林水產省和文部科學省準備聯合制訂「校外教學」計畫，即讓學生們透過課外活動認識自然，並去山村植樹造林、收割稻子和管理蔬菜等，以達到在旅行中學習農業知識的目的。

現在的學校每年都會舉行一、兩次的校外教學活動。

校外教學能將沉悶的課堂搬到鳥語花香的大自然中，把枯燥的學習變成豐富多彩的遊戲，在輕鬆愉快的環境中學習知識、增長見聞。這種學習方法，能讓學生更加有興趣，也更加得到從樂趣中得來的知識。

同學們可以在校外教學中，一邊享受美妙的風景，奇特的建築或自然、文化現象，同時也不忘張開求知的眼睛，有意識地多問幾個為什麼，或者請解說員解釋一些自然和文化現象，然後把這些知識與自己已有的知識結合，擴充自己的知識領域。要知道每一種現象都不是憑空產生的，它背後肯定有複雜的原因，如果

你把這個原因搞清楚了，說不定能解開一直困擾你的疑團呢！

名師點評：從校外教學中學知識，是一種比較新穎有趣的方法，同學們可以在校外教學的時候，多閱讀景點的說明，多聆聽解說員的講解，多看看景點建築的結構佈局，多思考景點的歷史淵源，總之，可學的東西太多了。

學生收穫：校外教學不單能放鬆心情，也能增長見識，這是顯而易見的道理。因此，我們不能浪費了這極好的學習機會，而要勤於思考，勤於觀察，從實踐中得來的知識能保存長久。

家長專欄：校外教學的時候，不要只是走馬看花，或者在各個景點照張相就心滿意足，而是要跟同學一起尋找這些地方的獨特之處，並探求它的成因，以及歷史演變等等。

國家圖書館出版品預行編目資料

考試高手教戰書／陳光總主編.
第一版——臺北市：紅蕃薯文化出版；
紅螞蟻圖書發行, 2008.10
面；　　公分.——（資優學園；11）

ISBN 978-986-84553-2-0（平裝）

1.學習方法 2.考試指南 3..中等教育

521.1　　　　　　　　　　　　97017666

資優學園 11

考試高手教戰書

總　主　編／陳　光
美術構成／魏淑萍
校　　　對／周英嬌、楊安妮、朱慧蒨
發　行　人／賴秀珍
榮譽總監／張錦基
總　編　輯／何南輝
出　　　版／紅蕃薯文化出版有限公司
發　　　行／紅螞蟻圖書有限公司
地　　　址／台北市內湖區舊宗路二段121巷28號4F
網　　　站／www.e-redant.com
郵撥帳號／1604621-1　紅螞蟻圖書有限公司
電　　　話／(02)2795-3656（代表號）
傳　　　真／(02)2795-4100
數位閱聽／www.onlinebook.com
港澳總經銷／和平圖書有限公司
地　　　址／香港柴灣嘉業街12號百樂門大廈17F
電　　　話／(852)2804-6687
新馬總經銷／諾文文化事業私人有限公司
新　加　坡／TEL:(65)6462-6141　FAX:(65)6469-4043
馬來西亞／TEL:(603)9179-6333　FAX:(603)9179-6060
法律顧問／許晏賓律師
印　刷　廠／鴻運彩色印刷有限公司
出版日期／2008年10月　第一版第一刷

定價260元　港幣87元

ISBN 978-986-84553-2-0　　　　Printed in Taiwan